KB205709

내가 칼빈주의를 발견하고 한참 연구하고 있던 젊은 시절에 제임스 스미스가 나를 위해 이 책에 담긴 편지를 써줬더라면 얼마나 좋았을까! 이 책에는 20세기의 젊은 칼빈주의자들에게 필요한 지혜와 즐거움이 가득 담겨 있다.

리처드 마우 | 풀러 신학교 총장

머리와 가슴에 동시에 말을 건네는 눈부신 책이다. 본서 『칼빈주의와 사랑에 빠진 젊은이에게 보내는 편지』는 젊고 대범한 최근의 새로운 칼빈주의자들이 더 넓고 더 깊은 개혁주의 전통 속에서 성장하게끔 도와준다. 지혜롭고 재기 넘칠 뿐 아니라, 읽는 재미까지 만만치 않은 책이다.

토드 빌링즈 | 웨스턴 신학교 조직신학 교수

이 책을 읽는 내내 나는 '아멘'을 외쳤다. 물론, 내가 저자의 주장에 모두 동의하는 건 아니다. 그러나 칼빈주의자들에게 그들의 확신만큼이나 겸손과 사랑이 중요하다는 점을 깨닫게 해준 저자에게 깊이 감사한다. 개혁주의 신학이 5대 강령(TULIP) 그 이상이라는 사실을 깨우쳐준 것 또한 매우 중요하다. 우리 모두를 위해 쓰인 뛰어나고 창의적인 책이다.

마이클 호튼 | 웨스트민스터 신학교(캘리포니아) 조직신학 교수

본서는 최근 부상하는 새로운 칼빈주의자들을 극단적인 주장에 빠지지 않도록 돕는 동시에, 독자들을 더 넓고 깊은 개혁주의 전통으로 인도하는 묘한 책이다. 이러한 점 때문에, 목회자들뿐 아니라 신학 훈련을 받지 않은 그리스도인들이 이 책의 대단한 가치를 주위 사람들에게 이야기하고 있다. 저자는 새로운 칼빈주의자들이 자칫 잃어버릴 수 있는 교회의 진정한 사명과 보편적 교회의 원활한 소통을 고취시키는 건강하고 균형 잡힌 개혁주의에 뿌리박고 있다.…이 기발한 책에서 저자는 교회가 문화와 신앙에 대해 가져야 할 중요한 통찰들을 제공한다.

존 암스트롱 | 『다가오는 복음주의의 위기』 편집자

제임스 스미스는 오늘날 복음주의 내의 가장 매혹적인 대화 중 하나에 유쾌한 방식으로 뛰어들고 있다. 젊은 그리스도인들 사이에서 칼빈주의가 다시 부활하고 있다는 것에 대한 활기찬 대화에 말이다! 이 책은 사려 깊고, 미묘한 차이를 짚어내며, 도발적이면서도 이성적이고, 유용한 정보를 제공한다. 이 책에 담긴 모든 내용에 동의하지는 않을 수는 있겠지만, 내게 가장 강력하게 다가온 교훈에는 누구나 귀 기울일 필요가 있는 듯 보인다. 신학적으로 개혁주의자가 된다는 것은 그저 칼빈주의 5대 강령을 믿는 것 이상이라는 그의 세심한 주장 말이다. 책을 읽는 동안 아주 깊이 몰입할 수 있었다.

튤리안 차비진 | 『나는 하나님을 아는가?』 저자

제이미 스미스는 개혁주의 전통의 깊이와 찬란함과 기쁨을 정말로 매력 있게 설명하고 있다! 나는 내가 칼빈주의에 대해 소중하게 붙들고 있는 것들이 이 편지들 속에서 다시 확인되고 있는 것을 발견하였으며, 동시에 칼빈주의 전통 전체를 다시 한 번 돌아보게 만드는 새로운 통찰들을 얻을 수 있었다. 이 책은 새로운 세대 전체에게 기독교 신앙에 대한 개혁주의적 이해의 풍성함을 잘 소개해줄 것이다.

짐 벨처 | *Deep Church: A Third Way beyond Emerging and Traditional* 저자

작지만 인상적인 이 책은 아브라함 카이퍼가 주창한 신칼빈주의 전통에 서서 바라본 개혁주의에 대한 전반적인 이해를 유쾌한 편지 형식을 통해 기술하고 있는데, 긴 글을 읽기 힘들어하는 독자가 특히 매우 반가워할 것이다. 저자는 개혁주의 전통을 이해하는 데 필요한 개혁주의의 역사적 전개 과정 및 그 기본 주제를 쉽게 해설할 뿐 아니라, 칼빈주의가 오늘날 우리에게 갖는 의미와 관련된 폭넓은 소재를 신학적 명료함과 진지함으로 절묘하게 결합시킨다. 오순절 교회에서 성장해 철저한 개혁주의자가 된 이 저자의 책은 모두 읽어볼 것을 강력하게 권한다!

「*Christianity Today*」

칼빈주의의 지적 깊이와 개혁주의 전통을 언제나 명료하고 이해하기 쉽게 만들어 주는 저자의 이번 책은…모든 이의 서가에, 특히 자신의 신앙을 확고히 하고자 하는 이와 신앙의 외연을 넓히고자 하는 이의 서가에 보배처럼 간직될 책으로 자리 잡을 것이다.

「*Perspectives: A Journal of Reformed Thought*」

본서는 우리로 하여금 깊이 생각하게 만드는 책이다. 특히 칼빈주의자가 아니었던 이가 가장 성경적인 기독교를 추구하다가 칼빈주의자가 된 과정은 참된 그리스도인이고자 하는 사람들이 얼마나 치열하게 자신의 신앙과 삶에 대해 고민해야 하는지를 잘 보여준다. 열심 있는 그리스도인이라면 모두 본서를 읽고 우리가 과연 제대로 된 신앙을 가지고 있는지 자문해야 할 것이다. 또한 칼빈주의자로 자처하는 사람들은 자신이 일부 치기 어린 칼빈주의자들처럼 교만을 드러내면서 살고 있지 않은지 이 책을 통해 점검해야 할 것이다. 진정한 칼빈주의자는 겸손한 사람이기 때문이다. 그러나 또한 칼빈주의에 대한 저자의 입장을 정통주의적 칼빈주의와 비교하면서 생각하는 일도 필수적이다. 이 책을 읽고 고민함으로써 우리가 참으로 성경적인 칼빈주의자로 더 성장하기를 바란다

이승구 | 합동신학대학원대학교 조직신학 교수

Letters to a Young Calvinist

An Invitation to the Reformed Tradition

칼빈주의와 사랑에 빠진 젊은이에게 보내는 편지
― 개혁주의 전통으로의 초대

칼빈주의와 사랑에 빠진 젊은이에게 보내는 편지

개혁주의 전통으로의 초대

제임스 K. A. 스미스 지음 | 장호준 옮김

차례

오늘날 같은 포스트모던 문화에서 칼빈주의같이 엄중하고도 진
지한 가르침이 이렇게 많은 관심을 받게 될 줄 누가 짐작이나 했
을까? 2009년이 칼빈이 태어난 지 500년이 되는 해라는 것과는
별개로, 지난 수 년간 소위 "새로운 칼빈주의"[아브라함 카이퍼가
주도했던 신칼빈주의(Neo-Calvinism)와는 구별되는 최근 북미에서
일어난 고백적 복음주의 운동을 말한다―편집자]가 세간의 주목을
끌고 있으며 이를 열렬히 따르는 사람들이 급증하고 있다. 이에
대해서는 콜린 한센이 『현대 미국 개혁주의 부활』(*Young, Restless,
Reformed*, 부흥과개혁사 역간)에서 이러한 흐름을 잘 말해주고 있
다. 알버트 몰러와 D. A. 카슨 같은 신학자들, 그리고 존 파이퍼
와 마크 드리스콜 같은 주목할 만한 목사들과 연계된 이 새로운
운동에 대한 관심은 2009년 3월 12일자 「타임」지가 이를 "세상
을 바꾸고 있는 열 가지 아이디어" 가운데 하나로 선정함으로써
절정에 이르렀다.

　나 역시 LA 도심에 자리한 하나님의 성회 소속의 한 교회에
서 예기치 않게 칼빈주의에 대한 새로운 관심이 일고 있는 것을

경험했다. 캘리포니아 주 호손에 자리한 델 아이레 하나님의 성회 교회에서 대학부와 직장인들을 아내와 함께 지도하는 동안 나는 이 모임의 이십대 계층(대부분 라틴계 미국인)에서 신학적으로 엄밀한 고민과 추구가 일어나고 있는 것을 목격했다. 오순절 전통에서는 찾아보기 힘든 지적 유산을 추구하고 신학적 깊이를 갖춘 기독교적 지성을 계발하고자 하는 젊은이들이 개혁주의 전통이 가진 부요함에 매료되는 것은 어떻게 보면 당연했다. 이제 이런 일은 복음주의 진영에 속한 많은 사람들에게 더 이상 낯선 광경이 아니다.

나 또한 그랬다. 기독교로 회심한 후 성경적이지만 반지성적인 분위기와 반신학적인 환경에서 성장한 나는 성경대학교에 다니던 중 "구 프린스턴"[19세기 프린스턴 신학교가 가졌던 신학적 유산을 가리킨다. 마크 놀이 구 프린스턴 신학자들의 글을 모아 펴낸 『프린스턴 신학』(*The Princeton Theology*)은 이를 잘 설명하고 있다]이라는 개혁주의 전통을 알게 되었다. 밤을 세워가며 찰스 하지, 벤저민 B. 워필드, 윌리엄 G. T. 쉐드 등의 글을 탐독하던 때가 아직도 눈에 선하다. 당시 나는 다시 태어난 것 같은 흥분에 겨워 "지금까지 나는 어디서 뭘 한 거지?"라고 스스로에게 말하며 그들의 지혜와 학문적 지식을 마구 들이켰다. 비로소 나에게 지성이 주어진 이유를 발견한 것 같았다.

이 신학적 사색의 깊은 강물에 뛰어든 나는 이내 프랜시스 쉐퍼, 제임스 패커, 존 파이퍼와 같은 현대 저자들의 책들을 탐독하기 시작했고 이들은 다시 나를 어거스틴, 존 칼빈, 존 오웬, 조나단 에드워즈와 같은 거인들에게 이끌었다. 비록 지금은 "칼빈주의"라고 하는 공간에서 대부분의 시간을 보내고 있지만, 어쨌든 개혁주의 전통이라고 하는 대(大)저택을 내 집으로 발견한 이래 나는 한 번도 그곳을 떠나지 않았다.

하지만 이제 막 칼빈주의자가 된 젊은 시절, 혈기만 왕성했을 뿐 영적으로 교만했던 내 추한 모습을 돌아보면 지금도 얼굴이 화끈거린다. 주위의 형제자매들의 순전한 헌신을 얕잡아 보기 일쑤였고, 허구한 날 그들의 아르미니우스적인 허물을 지적하고 들추어내는 데 여념이 없었다. 은혜 교리를 발견했다고 하면서도, 사랑 없이 그것을 거만한 자기 확신으로 바꾸어버리는 말도 안 되는 일을 하고 있었던 것이다. 예수님의 비유에 나오는, 엄청난 빚을 탕감받았으면서도 자기에게 빚진 동료는 용서하지 않은 불의한 종이었던 것이다(마 18:23-35). LA에서 함께 시간을 보냈던 젊은이들에게서도 문득문득 똑같은 은밀한 교만을 보았다. 나도 그랬기 때문에 이해 못하는 바는 아니지만, 오히려 그래서 이런 교만한 모습을 더더욱 혐오할 수밖에 없었다. 복음이 가져다주는 급진적인 은혜와 긍휼을 반영하지 못하는 허세 같은 것을 나는 그들이 말하는 칼빈주의에서 보았다. 칼빈주의가 어느새 가부장적인 행실과 태도를 능수능란하게 신학적으로 정당화하는 도구가 되고 있었던 것이다. 그들이 형성한 "칼빈주의"라고 하는 집단적 형태는 매력적이지 않을뿐더러 도래하고 있는 하나님 나라를 설득력 있게 증거하지도 못한다. 나는 최근에 맞닥뜨린 "새로운 칼빈주의자들"에게서도 똑같은 인상을 받는다.

열정적으로 칼빈주의를 추종하던 때의 나에게서 보았던 부끄러운 모습들이 "새로운 칼빈주의"를 따르는 사람들에게서도 많이 눈에 띄었다. 나는 선택과 예정, 그리고 전적인 타락(Total depravity), 무조건적 선택(Unconditional election), 제한적 속죄(Limited atonement), 불가항력적 은혜(Irresistable grace), 성도의 견인(Perseverance of the saints)을 뜻하는 TULIP으로 대변되는 칼빈주의 5대 강령이라는 난해한 원리 때문에 개혁주의 전통에 매력을 느꼈다. 당시 나는 다른 기독교 전통들은 거들떠보지 않을 정도로 이 원리들에 대한 확신과 자부심이 대단했다. 하지만 오히려 이것들은 개혁주의 전통 자체에 대한 깊이 있는 추구를 방해했다. 앞에서 말한 것처럼 개혁주의 전통이라는 웅장하고 거대한 저택의 화려하게 장식된 "칼빈주의"라는 문에 매료된 나머지 그 저택에 있는 많은 방들은 둘러볼 생각조차 하지 못했던 것이다. 나중에야 나는 칼빈주의만이 아닌 더 광대한 개혁주의 전통이 가진 부요함을 맛보게 하는 다른 방들로 나갈 수 있었다 (사실은 떠밀리다시피 그렇게 된 것이지만).

이 책에 담긴 편지들은 일종의 초청장이다. 편지를 받는 대상인 "제시"는 나로 하여금 칼빈, 에드워즈, 카이퍼에 대해 다시 관심을 갖고 그 가치를 누릴 수 있도록 해준 LA에 위치한 한 교회의 젊은이들을 뭉뚱그려 만든 가상의 인물이다. 하지만 "제시"는 또한 젊은 시절 나의 모습이기도 하다. 그런 의미에서 이 편지는 수취인이 나 자신인 글, 곧 그 당시 내가 알았더라면 좋았을 것들뿐 아니라 그때 내가 꼭 들어야 했던 조언들을 조목조목 적은 글이다. 그러나 무엇보다도 나는 이 편지들이 목회적 서신이 되기를 바라는 마음으로 글을 썼다. 이 편지들을 쓰게 된 계기는 적어도 이렇다. 이 편지들은 개혁주의라는 깊은 강물에 이제 막 발을 담은 한 청년에게 그의 멘토이자 친구가 들려주는 조언과 사랑의 서신이다. 개혁주의 전통에 대한 완벽한 입문서가 아니라 일종의 사전지식을 제공하려는 생각으로 보내는 편지라 할 수 있다. 프리드리히 쉴러가 『인간의 미적 교육에 관한 서한』(*Letters on the Aesthetic Education of Man*, 이진출판사 역간)에서 그랬던 것처럼, 누군가를 그가 현재 있는 자리에서 함께 걸으며 어떤 전통으로 인도하는 과정이라고 할 수 있다. 앞서 말한 저택 비유를 가지고 다시 말하자면, 이 편지들이 그 거대한 저택을 소개하고 싶어 안달이 난 열정적인 안내인의 마음이 담긴 것이었으면 한다. 또는 오랫동안 그 저택에서 살아온 사람이 자신의 집을 처음으로 방문한 이들에게 그들이 놓치기 쉬운 저택에 숨어 있는 부요한 것들을 소개하고 싶어하며 쓴 편지 같았으면 한다.

그렇다고 꼭 신학적 이해만을 제공하기 위해 이 편지들을 쓴 것은 아니다. 독자들과 함께 이 방, 저 방을 천천히 거닐며 이야기를 나누듯이, 편지를 하나하나 읽어갈수록 점점 신학적 이해가 깊어질 뿐 아니라 영적으로도 성장하기를 바라는 마음으로 나는 이 편지들을 썼다. 그렇기 때문에 편지들을 순서대로 읽는 것이 중요하다. 각각의 편지가 특정한 상황을 전제하고 있고 이전 편지에 이어 대화가 계속되기 때문이다. 특정한 위치와 특정한 상황에 있는 수신자를 가정하고 이 편지들을 썼다. 모든 사람을 대상으로 칼빈주의를 변론하려고 하지 않았다. 이미 칼빈주의 전통에 관심을 갖고 있지만 생소한 영역에 대해 조언을 구하는 사람들이 내가 이 편지의 수신자로 가정한 대상이다. 이제 막 알게 된 칼빈주의를 열정적으로 추구해가는 사람을 수신자로 상정했기 때문에 대부분의 편지들 역시 그런 사람의 관심사를 전제하고 있다(물론 그렇지 않은 독자들에게도 이 편지가 도움이 될 것이다). 하지만 무엇보다도 나는 멀리 떨어져 있는 두 친구가 주고받는 멘토와 도제 사이의 편지를 떠올리면서 글을 썼기 때문에, 여기서 이런 많은 편지들이 오간 배경이 되는 둘 사이의 우정이 이 책을 이해하는 데 매우 중요하다. 수신자에 대한 목회적 관심을 가지고 썼기 때문에 이 편지들에는 엄중한 사랑, 솔직한 비판과 충고는 물론이고 따끔한 권고도 담겨 있다. 그럼에도 나는 무엇보다 독자들이 내 글을 한 친구가 다른 친구에게 보낸 편지로, 그리고 내가 나의 젊은 시절을 돌아보며 나 자신에게 쓴 글로 읽었으면 한다. 실제로 나는 다른 누군가에게 쓰는 것만큼이나 나 자신에게 편지를 보내는 심정으로 글을 썼다. 이것은 내 젊은 날(그리고 그 이후의 내 삶)에 대한 성찰이기도 하다.

　마지막으로, 이 편지는 독자들을 개혁주의 전통으로 초대하기 위한 것이긴 하지만 개혁주의 전통 자체를 목적지로 삼고 있지는 않다. 개혁주의 전통은 일종의 정거장이자 도구일 뿐이다. 개혁주의 전통의 원천과 목적은 바로 하나님, 곧 지금도 성령으로 우리와 함께하시며 예수 그리스도를 통해 계시된 그분 자신이다. 바꾸어 말하면, 이 편지들을 개혁주의 전통으로의 초대라고 할 수 있는데 그것은 개혁주의 전통이 바로 하나님의 생명으로의 초대이기 때문이다. 5세기 설교자들을 위한 지침서인 『그리스도교 교양』(*Teaching Christianity*, 분도출판사 역간)에서 어거스틴은 길을 떠난 여행자가 자신을 행선지로 실어 나르는 방편에 사로잡힌 나머지 목적지에 이르지 못하는 것은 어리석은 일이라고 말했다. 자신을 건너편 포구에 이르도록 해줄 도구에 불과한 배에 사로잡혀서 도무지 내릴 생각을 하지 않는 이들을 비판한 것이다. 이처럼 개혁주의 전통은 도구일 뿐이지 그것 자체가 목적은 아니다. 유일한 길이신 예수께 이르고 예수와 더불어 가야 하는 하나의 길일 뿐이다. 개혁주의 전통은 하나님 나라의 선착장으로 우리를 실어 나르는 배요, 성육신하신 말씀과 맞닥뜨리도록 우리를 몰아가는 도구일 뿐이다. 이 편지들은 바로 그 여정에 대해 소개하는 작은 안내지에 불과하다.

Letter 1
한 가족이 된 걸 환영한다

제시,

네 편지를 통해 하나님이 너의 삶에서 일하고 계신 것을 듣고 얼마나 기뻤는지 모른다. 우리 가족이 그랜드 래피즈로 이사한 지 벌써 4년이 되었구나. 교육관에서 함께 "신학 연구 모임"을 가진 때가 엊그제 같은데 말이다. 마지막으로 모인 날 밤에 개방적 유신론(open theism)을 가지고 얼마나 열띤 토론을 했는지 기억하니? 다음에 만나면 그날 대화가 내 삶과 신학 여정에 얼마나 중요했는지 말해달라고 꼭 부탁하렴.

　네가 요즘 개혁주의 신학에 푹 빠져 있다는 소리를 듣고 정말 흥분했다. 아니 흥분했다기보다는 어떤 전율을 느꼈다고나 할까? 너도 말했다시피 우리가 함께 모여 애쓰는 동안 뿌려진 씨앗들이 이제 결실하기 시작한 것이라고 믿는다. 성경과 씨름하면서 개혁주의 전통이 말하는 것이 무엇인지 "알게 되었다"는 소리를 듣고 내심 기쁘기도 했고 안심도 되었다. 내가 너에게 남겨두었을지도 모를 지성의 거푸집을 꼭 답습해야 할 것처럼 생각하지 않았으면 한다.

너와 내가 복음주의적인 은사주의의 배경에서 자랐다는 사실을 미루어볼 때, 우리가 함께 다루었던 그 많은 질문들을 네가 그렇게 좋아했던 이유를 알 것 같다! 개혁주의 전통이 그런 호기심을 잉태했다는 점이야말로 개혁주의 전통이 가진 신령한 생명력을 잘 보여주는 것이지. 개혁주의 전통을 통해 네가 이전에 알지 못했던 성경에 있는 깊은 샘을 발견했다고 하는 네 말이 와닿는다. 개혁주의 전통은 네가 하나님의 자기 계시 안에 있는 깊은 샘을 발견할 수 있도록 하는, 어디를 더 깊이 파고 들어가야 할지를 가리키는 일종의 "신령한 나침반" 같은 것이다.

그렇기 때문에 네가 마르틴 루터나 존 칼빈이나 조나단 에드워즈 같은 이들이 앞서 따라간 제자도의 길을 새로이 걸어갈 수 있도록 내가 도와줄 수 있다는 게 나에게는 기쁨이자 특권이다. 네가 개혁신학의 광맥을 파고들어가는 동안 이렇게 편지를 주고받는 것이 우리 모두에게 큰 즐거움이 될 것 같구나(4,000킬로미터 이상 떨어진 가족에게 안부를 건넬 수 있다는 것 말고도 말이다). 우리가 편지를 통해 이렇게 할 이유는 충분하다. 너의 생각과 마음에서 일어나는 질문들을 글로 쓰는 것은 해당 문제들과 의문들을 조리 있게 표현하는 데 도움이 될 뿐 아니라(의문이 일어나는 것 자체를 두려워할 필요는 없다), 개혁주의 신앙과 삶을 다루는 데도 좋은 출발점이 된다.

너의 믿음을 깊이 있게 할, 다시 말해 그리스도와의 관계를 깊이 있게 할 여정을 시작하면서 당연히 생길 어느 정도의 위험은 감수하기를 권하고 싶구나. 어려운 문제들이 있을 때 질문하는 걸 두려워할 필요는 없다. 주일학교 시간에 내가 항상 말한 것처럼 하나님은 우리가 무엇을 물어볼까 봐 가슴 졸이는 분이 아니다. 내가 아는 한, 창조에 대한 호기심을 억누르지 않고 독려해온 오랜 역사야말로 개혁주의 전통의 주된 특징 가운데 하나였다(나중에 만나게 되면 1세기 전에 카이퍼가 프린스턴 신학교의 스톤 강좌에서 한 강연에 대해 이야기해달라고 말해라. 그중에서도 개혁주의 전통이 과학의 발전에 어떤 역할을 했는지 말이다). 자신들의 방침을 충실하게 따르도록 질문 자체를 도외시했던 (우리가 몸담았던) 곳과는 달리 개혁주의 전통은 일종의 거룩한 지적 모험을 감수하도록 독려해온 오랜 역사를 갖고 있다.

마치 질문을 던지는 사람은 이미 답을 알고 있어야만 한다는 듯이 너의 질문이나 의문이 시시하고 무지한 것처럼 들릴까 봐 걱정할 필요는 없다(만약 그렇다면 무엇을 물어보는 것 자체가 바보 같은 짓이 되겠지!) 네가 이미 알고 있어야 할 것처럼 전제하고 주위의 그리스도인들이 사용하는 용어들을 들으면서, 네가 그것들을 모르고 있다는 사실에 가끔 당혹스럽기도 할 거다. 그렇다고 주눅이 들 필요는 없다. 우리는 언제나 자신이 서 있는 바로 그 자리에서 시작할 수 있다. 무엇보다도 내가 너를 얼마나 아끼는지 알아주었으면 좋겠구나. 나를 네가 시작한 여정의 안내자로 생각하면 좋겠다. 「반지의 제왕」에서 프로도가 갔던 것과 비슷한 여정을 이제 막 시작한 너에게 내가 샘 갬지와 같은 동반자가 될 수 있도록 말이다. 무엇이든 의문이 생기면 언제고 물어봐라. 힘내고!

제이미

추신

초대 기독교 신조(사도신경, 니케아 신경, 아타나시우스 신경)와 개혁주의의 대표적인 세 가지 신앙고백(하이델베르크 교리문답, 벨직 신앙고백, 도르트 신조)을 모아놓은 작지만 소중한 책인 『보편교회 신조들과 개혁주의 신앙고백서』(*Ecumenical Creeds and Reformed Confessions*)를 소개하고 싶구나. 나중에 더 자세히 이야기할 기회가 있겠지만, 다음 한 주 동안 개혁주의 신앙과 삶을 복음적으로 잘 요약해놓은 벨직 신앙고백을 읽으면 많은 도움이 될 거다.

Letter 2
신앙적 자긍심에 대해

제시,

너하고 똑같은 질문을 탐색해가는 그리스도인들과 함께 모임을 갖게 되었다니 기쁘다. 그리스도의 제자로 살아가는 모든 측면이 그런 것처럼, 믿음의 여정은 결코 혼자만의 사사로운 일이 아니다. 그리스도인의 삶에 독불장군은 있을 수 없지. 지난번 편지에서 말한 것처럼, 프로도가 자신의 여정을 통해 배운 가장 중요한 교훈은 혼자서는 결코 그 일을 하지 못했을 거라는 사실이다. 바라기는 너와 함께하는 그 모임이 일종의 개혁주의 반지 원정대가 되었으면 한다(그래, 이제 「반지의 제왕」 얘기는 그만하자 ☺).

어쨌든 제시, 네 편지의 어조가 처음 편지와는 조금 달라진 것 같더구나. 처음 편지에서는 성경의 하나님을 새롭게 추구하게 된 것에 대한 거룩한 흥분 같은 걸 느낄 수 있었다. 새로운 시각과 즐거움을 갖고 성경으로 다시 돌아가도록 만드는 일종의 더 깊어진 관계 같은 걸 말이다. 하지만 최근의 네 편지를 보면 네 마음이 주변의 다른 그리스도인들, 특히 교회 지체들의 잘못에 더 집중하고 있는 것 같더구나. 솔직히 말하면, 네가 남들은 모르는 무슨 심오한 지식을 얻기라도 한 것마냥, 그렇지 않은 다른 그리스도인들을 무시하는 것처럼 들렸다. 내 말을 사랑으로 받아 주리라 믿는다. 어쨌든 너의 그런 태도가 그리 달갑지는 않았다.

너의 그런 태도가 네가 지금 참여하고 있는 "개혁주의 연구회"라는 모임과 어떤 관계가 있는 게 아닌지 궁금하다.

바로 지금이 개혁주의 신학에 따르는 가장 대표적인 유혹 가운데 하나인 **자긍심**에 대해 당부할 적기인 것 같다는 생각이 든다. 가장 해로운 자긍심 가운데 하나가 바로 종교적 자긍심이다[C. S. 루이스의 『스크루테이프의 편지』(Screwtape's Letters, 홍성사 역간) 가운데 한 장이 이를 매우 잘 다루고 있다]. 이런 자긍심은 개혁주의 전통의 가치를 새롭게 발견한 사람들이 쉽게 빠지는 전염병이다. 아주 치명적이지. 일종의 신학적 웨스트 나일 바이러스(우간다의 웨스트 나일 지역에서 처음 발견된 뇌염의 일종—편집자)라고나 할까?

나도 그런 자긍심에 사로잡혀본 적이 있기 때문에 그것이 무엇인지 잘 안다. 너와 마찬가지로 반지성적인 기독교 배경에서 자란 나도 개혁주의 신학을 처음 알게 되었을 때, 마치 LA 국제공항의 근처에 있는 샌드파이퍼 가(街)의 가장 높은 곳에서 아래를 내려다보는 것 같았지. 너도 그 기분이 어떤 건지 잘 알거다. 정상에 다다른 줄도 모르고 자동차를 운전하다가 순식간에 거대한 태평양이 한눈에 들어오면서 멀리 수평선이 활짝 펼쳐질 때의 그런 느낌 말이다. 마치 한 번도 태평양을 본 적이 없는 것 같이 완전히 새로운, 지금 당장 뛰어들고 싶게 만드는 바다가 눈앞에 펼쳐지지. 지금 너는 주위의 그리스도인들이 왜 그런 굉장한 세계를 알지 못하는지 도무지 이해가 안 되겠지. 그렇게 분명하고 선명한 것을 왜 다들 못 보는지 말이야. 그러고는 지식에서 비롯된 일종의 교만함으로 점점 더 우쭐해지고(고전 8:1) 지체들을 얕잡아 보고 이어 지체를 그리스도의 사랑으로 대하지 않는 자신을 발견하게 되지.

성숙하지 못한 칼빈주의자들에게 대개 이런 경향이 생기지. 하지만 정작 칼빈주의의 가장 중심적인 덕은 겸손이란다. 칼빈은 이에 대해 『기독교 강요』(*Religious Institute*, 2.2.11)에서 다음과 같이 말한다.

우리 종교의 토대가 겸손이라는 크리소스톰의 말은 언제나 감동적이다. 하지만 어거스틴의 다음의 말은 특히 그렇다. 가장 호소력 있는 중요한 원리가 무엇인지를 묻는 질문에 대해 한 웅변가가 첫째도 '전달'이요, 둘째도 '전달'이요, 셋째도 '전달'이라고 한 것과 마찬가지로, 당신이 기독교 신앙의 가장 중요한 원리가 무엇인지 내게 묻는다면 나 역시 첫째도 '겸손'이요, 둘째도 '겸손'이요, 셋째도 '겸손'이라고 답할 것이다.

이런 의미에서 스코틀랜드 칼빈주의자들이 칼빈주의의 위대한 원리인 겸손을 훈련하는 방법으로는 골프가 딱이라는 생각이 든다. 골프만큼 자존심을 상하게 하는 운동도 드물거든. 언제고 교만한 마음이 일어나거든 곧장 필드로 달려가 딥러프에 빠진 공을 3번 아이언으로 쳐봐라(이를 통해 배울 수 있는 영적인 교훈만으로도 한 코스를 돌면서 시간을 보낼 만한 충분한 가치가 있다. 아마 나중에 나에게 고맙다고 할 거다).

농담은 그만두자. 교만해지려는 유혹을 네가 애초에 인식하지 못하면 신앙적 자긍심이라는 전염병이 삽시간에 온몸에 퍼져 신학적 논쟁만 일삼으려고 할 거다. 그것도 다른 그리스도인을 대상으로 일삼는 가장 해로운 논쟁을 말이야. 물론 논쟁이 필요하고 합당한 때도 있다. 하지만 언제 어디서 논쟁해야 할지를 분별할 줄 알아야 한다. 다른 그리스도인들과 논쟁을 일삼는 것은 대체로 시급한 문제와는 거리가 멀다. 나중에 이 부분에 대해 더 이야기할 기회가 있겠지만 이런 경향이 개혁주의 진영에 만연해 있다는 것은 말하고 싶구나. 우리는 이 문제를 정직하게 대면할 필요가 있다(가족의 병력을 알아두면 앞으로 생길 수 있는 질병을 예방할 수 있듯이 말이다). 최근에 존 프레임이 쓴 "메이첸의 용사들"이라는 글을 읽었는데 여러 가지 생각을 하게 만들었지만 조금은 실망스러운 글이었다. 존 프레임은 그 글에서 우리로 하여금 많은 것을 경계하도록 만드는 20세기 미국 개혁주의 진영에서 일어난 분열과 믿음의 싸움, 논쟁의 역사에 대해 기술하는데 그가 제시한 논쟁거리들이 무려 스물한 개에 달하더구나. 물론 그가 언급했듯이 그 글이 논쟁거리를 모두 포함하고 있는 것도 아니었다(이를테면, 여성에게 목사직을 주는 문제 같은 것 말이다). 어쨌든 논쟁으로 점철된 이런 식의 신앙적 자긍심은 개혁주의 전통 전체에 드리운 위험한 유전적 결함처럼 보인다. 물론 내가 틀릴 수도 있겠지만, 너의 편지대로라면 너의 "개혁주의 연구회"라는 모임도 크게 다르지 않은 것 같다. 그 모임에 참여하는 사람들이 "성도와 이단"이라는 라디오 프로그램을 즐겨 듣는다는 소리를 듣고 그런 생각이 들었다(나하고 같이 공부해서 너도 잘 알겠지만, 아무리 기독교 방송이라 해도, 고인 물이 질병의 온상이 되는 것처럼 기독교적이지 않은 무자비한 잡담을 늘어놓는 그런 프로그램을 나는 좋게 말할 수가 없다).

호세 같은 멘토가 이미 그런 그룹(그리고 그 라디오 프로그램에 대해서도)에 대한 우려를 표했다는 사실을 네가 신중히 받아들이고, 새로 사귄 그 열정적인 친구들의 모임에 대해 신중하게 생각해보기를 바란다. 물론 그곳에서 너의 신앙 여정을 도와줄 지체들을 만날 수 있다면 좋겠지. 제자의 삶을 사는 데 신학적 성숙을 돕는 벗보다 더 중요한 것도 없으니 말이다. 하지만 친구란 선택해야 하는 것, 모든 사람들이 다 좋은 친구가 될 수는 없지. 네 안에 성령의 열매가 자라도록 돕는 친구라야 진정한 친구겠지. 그런데 지금 그 사람들은 네 안에 쓴 열매(해로운 열매 말이야)를 맺게 하는 건 아닌지 걱정스럽다.

내 말이 심하다고 생각하지 않기를 바란다. 이런 말을 할 만큼 너를 아끼기 때문에 하는 말이다.

지혜로운 선택을 할 수 있기를 바란다.

제이미

Letter 3
잘난 체하는 칼빈주의자

제시,

네 감정을 솔직하게 말해줘서 고맙다. 지난번 편지 때문에 마음이 상할 수도 있겠다 싶어 걱정했는데 말이다. 하지만 한 걸음 물러나 생각을 정리하면서 내가 무엇을 걱정하는지 알게 되었다니 다행이다. 네 안에 이미 그런 경향이 있다는 것을 알고 있었고 또 그렇게 되지 않기로 다짐했다니, 그리스도 안에서 네가 성숙했다는 증거인 것 같다. 내가 조금 더 일찍 나 자신에 대해 알고 성숙했더라면 좋았을 텐데 하는 마음이 든다. 나 같은 경우 그런 자긍심과 자기 의에서 자유로워지기까지 정말 오랜 시간이 걸렸다. 아니, 자긍하는 마음에서 자유로워지기 시작하기까지 오랜 시간이 걸렸다고 해야겠지? 이해가 될지 모르겠지만 사실 나는 지금보다 훨씬 더 거만했다! 개혁주의 신학이 말하는 은혜 교리를 "발견"했다고 생각하면서부터 끔찍한 교만과 자긍하는 마음이 자리하기 시작했다는 데 문제의 심각성이 있었다. 유독 그리스도 안에 있는 다른 형제자매들을 대할 때는 더더욱 그랬지. 아이러니한 것은 모든 것이 하나님이 주신 선물이라는 성경의 심오한 진리를 알았다고 생각하면서 이런 교만이 싹트기 시작했다는 거다. "그런즉 자랑할 데가 어디냐"(롬 3:27).

　　내 경우는 처음 개혁주의 전통에 입문했던 것이 공동체를 통해서가 아니라, 나 혼자 그렇게 했기 때문인 것 같다. 나 스스로 개혁주의 전통에 대해 알아가기 시작했으니 쪽문을 통해 그 안으로 들어왔다고 해도 과언이 아니지. 전에도 말한 적이 있지만, 어렸을 때 나는 교회를 다니지 않았고 열여덟 살이 돼서야 내 아내인 디에나의 가족의 인도로 그리스도인이 되었다(나는 학문 세계에 발을 들여놓고 철학을 공부하던 중에 정말 큰 사랑을 받아 하나님 나라로 들어오게 되었지. 내가 항상 '사랑'에 대한 어거스틴의 강조와 '감정'에 대한 에드워즈의 강조에 마음이 끌리는 것은 바로 이 때문일 거다). 철저한 회심이었지. 그때까지 허랑방탕하게 살았다는 말이 아니다. 오랫동안 풍족하고 부유한 삶을 꿈꿔왔기에 그만큼 큰 변화였다는 뜻이다. 고등학교 시절 내내 나는 건축가가 되려고 했지. 하지만 그리스도인이 되고 난 직후 나에게는 다른 부르심이 있다는 것을 알게 되었고, 그동안 공들여 세워 놓은 모든 계획이 완전히 달라졌다. 대학을 졸업한 후 가족들의 예상과는 달리(가족들의 실망은 말이 아니었지) 나는 아이오와 주의 듀부크에 있는 플리머스 형제단 전통에 속한 작은 학교인 엠마오 성경학교를 선택했다(기독교계의 변방에서 그리스도인이 되었다고 할 수 있지). 신기한 건 바로 그곳에서 개혁주의 전통을 처음 접하게 되었다는 사실이다. 내가 "신기하다"고 한 것은 플리머스 형제단은 기본적으로 세대주의적 종말론을 가진 사람들이었기 때문이다. 스코필드 성경과 댈러스 신학교, 『레프트 비하인드』(The Left Behind, 홍성사 역간)가 다 이런 전통에 속한다. 잘 기억해둬라. 세대주의는 보통 개혁주의 전통의 언약신학과 대비되는 신학이다. 그런데도 자신을 "4대 강령 칼빈주의자"(four-point Calvinist)라 자칭하던 몇몇 교수님이 수업 시간에 언제나 B. B. 워필드와 찰스 하지, A. A. 하지, W. G. T. 쉐드 등을 읽도록 했다. 그렇게 해서 나는 처음으로 개혁주의에 호기심을 갖게 되었고 점차 이 신학에 빠져들었다. 구 프린스턴 신학자들은 뜨거움과 깊이가 있었을 뿐 아니라, 철학적이기까지 해서 내 영혼을 흥분시키기에 충분했고 그들의 그런 글들은 이전에는 미처 자각하지 못했던 것을 끄집어내어 마음을 시원하게 해주었다. 그 이후로 나는 도서관에서 시간이 가는 줄도 모르고 그들의 저작을 탐독하기 시작했다. 하지만 그렇게 읽은 책들이 높이 쌓일수록 나는 주변 사람들과 멀어졌다. 자긍하는 교만의 성루를 높게 쌓고 있었던 거다. 선물을 받아 누리는 주제에 오히려 우쭐해 하면서, 받은 것을 자신이 이룬 것처럼 움켜쥐고 있었다는 게 지금 생각해보면 놀라울 지경이다.

　　이런 경험을 통해 내가 배운 게 있다면, 교만은 여러 사람과 있을 때 드러나기도 하지만, 외부와 단절되어 있어도 더욱 커질 수 있다는 것이었다. 그렇기 때문에 나는 하나님이 네 주변에 너와 여정을 함께하는 좋은 친구들을 붙여주시기를 기도한다. 사실 지난 수 년 동안 내가 확신을 갖게 된 게 있다면, 하나님과 동행하는 데 그 길을 함께하는 좋은 친구들만큼 중요한 게 없다는 사실이다. 좋은 친구들은 하나님이 우리에게 주시는 성례전ㅡ하나님의 임재에 대한 간접적인 표시와 성화의 통로로 주어진 은혜의 방편ㅡ이다. 성경은 "어떤 친구는 형제보다 친밀하다"고 말하는데(잠 18:24), 하나님은 그처럼 당신의 임재를 구체적이고 살갑게 만들어줄 친구들을 우리에게 보내주신다. 그리스도인의 우정만큼 육신을 입고 이 땅에 오신 주님의 성육신 정신을 잘 보여주는 것도 없다. 내가 LA에 있었던 때를 그리워하는 건 "철이 철을 날카롭게 하는 것 같이"(잠 27:17) 우리가 서로를 격려하며 보냈던 시간들 때문이다. 이 편지들을 통해서 우리가 여전히 그런 경험을 나눌 수 있어서 기쁘구나.

주께서 복 주시길.

제이미

Letter 4
은혜가 아닌 것이 없다

제시,

개혁주의 신앙을 한마디로 요약해달라니 너무 터무니없는 요구다! 네 질문은 사람들이 흔히들 말하는 도르트 신조의 핵심을 절묘하게 요약해 만든 TULIP과 개혁주의 신학이라는 그 튤립이 활짝 핀 네덜란드를 염두에 두고 던진 질문인 것 같구나. 하지만 내 대답은 조금 다르다. 한마디로 개혁주의 신학은 근본적으로 **은혜**에 관한 것이다. 내 설명을 잘 들어봐라.

칼빈주의란 간단히 말하면 하나님이 계시하신 이야기 속에 흐르는 일관된 주제, 즉 모든 것이 하나님께 의존하고 있음을 확연하게 볼 수 있게 해주는 돋보기 같은 것이다. 모든 것이 **선물**임을 말이다. 이 사실은 단순히 구원만이 아니라 창조세계 전체에 적용된다. 하나님은 자신의 기쁘신 뜻을 따라 그리고 자신의 기쁨을 위해 세상을 지으셨다. 세상을 꼭 창조해야 할 이유나 필요가 있어서 창조하신 것이 아니다. 하나님은 세상을 굳이 지으실 필요가 없으셨다는 뜻이다. 세상이 창조되고 유지되는 것은 전적으로 하나님의 주권적인 행위였다. 모든 만물은 하나님이 그 존재를 선물로 허락하셨기 때문에 존재하는 것이다(골 1:16-17). 그러니까 "모든 것이" 하나님의 은혜라는 뜻이다. 피조물로 존재하는 것 자체가 은혜로우신 하나님이 주신 존재의 선물을 받아 누리는 것이다. 즉 존재하는 것 자체가 바로 은혜를 입고 있는 것이지. "우리가 그를 힘입어 살며 기동하며 존재하느니라"라고 바울이 말한 것처럼 말이다(행 17:28, 바울은 그리스의 어느 철학자의 말을 인용해 말한다).

어거스틴이 가장 좋아했던 구절 가운데 하나였던 고린도전서 4:7이 모든 것이 은혜라고 하는 이 급진적 신학을 잘 담고 있다. "네게 있는 것 중에 받지 아니한 것이 무엇이냐?" 물론 이 물음에 대해 우리는 "아무것도 없다"고 하거나 우리가 받은 모든 것이 선물이라고 긍정적으로 답한다. 그렇기 때문에 우리는 바울이 그랬듯이 우리가 가지고 있는 어떤 것이 원래 "자기 것"인 양 "자랑할" 이유가 없는 것이다.

칼빈주의라고 하면 사람들은 으레 구원론과 관련해서만 생각한다. 그래서 "구원이 하나님의 역사냐 아니면 내가 이뤄가는 것이냐?" 하는 식의 다소 어긋난 질문만 던진다. 내가 칼빈주의(개혁주의 신학이든 어거스틴주의든 간에)가 근본적으로 은혜에 관한 것이라고 의도적으로 언급한 이유는 칼빈주의를 구원론에 관한 물음으로만 제한하거나 혼동하지 않도록 하기 위해서

다. 칼빈주의가 구원과 관련해 하나님의 은혜에 대한 근본적인 이해를 갖고 있다고는 하지만 사실 이것은 창조와 관련된 하나님의 은혜에 대한 이해가 확장된 것일 뿐이다. 창조 속의 은혜를 말하지 않는 사람은 하나님이 인간의 타락 때문에 그 후에야 비로소 은혜로운 하나님이 되셨다는 매우 그릇된 이해를 가질 수밖에 없다(이것에 대해서는 나중에 좀더 이야기할 기회가 있을 거다).

모든 것에 미치는 하나님의 은혜의 실체가 구원과 관련해서도 마찬가지라는 사실은 두말할 필요도 없다. 성경을 통해 드러난 하나님의 계시는 죄인이 (철학자들의 말을 빌자면) "선을 택하는 데" 전적으로 무능하다고 말한다. 사실 성경은 죄로 타락한 인간들을 가리켜 "죽었다"라고 말한다(엡 2:1). 너도 알다시피 죽은 시체가 할 수 있는 것이라고는 아무것도 없다. 바꾸어 말해 인간은 하나님을 갈망하는 존재로 지어졌고 여전히 그런 존재로 남아 있음에도 불구하고, 죄의 결과로 창조주가 아니라 피조물을 갈망하도록 뒤틀리고 왜곡되어버렸다(롬 1:21-32). 하나님만이 창조시에 인간에게 주어진 하나님을 향한 이런 갈망을 적절하게 되돌릴 수 있다. 여기에 필요한 것은 회복케 하시고 새롭게 하시며 어떤 의미에서 **재창조**하시는 하나님이다(고후 5:17). 용어 선택에 신중한 바울은 에베소서 2장을 기록하면서 우리가 이미 죽어 하나님을 선택할 능력이 전혀 없기 때문에 하나님이 "우리를 살리셨다"고 말한다(엡 2:4-6). 이 문장의 주어가 우리가 아니라 하나님이라는 것에 주목해라. 우리는 이미 죽었기 때문에 우리가 믿음으로 구원받은 것은 "은혜에 의한" 것이지 우리에게 속한 어떤 것으로가 아니다(엡 2:8). 이 말이 무엇을 뜻하는지 아니? 그래, 구원이 **선물**이라는 뜻이다. 그리스도께서 십자가에서 이루신 "객관적인" 사역만이 아니라 믿음으로 그 일을 "주관적으로" 적용하는 것 또한 선물이다. 구원은 하나에서 열까지 **모든 것이 다** 선물이다. 그렇게 말할 수밖에 없는 것은 "죽은" 죄인이 할 수 있는 것이라고는 아무것도 없기 때문이다. 믿음도 예외는 아니다. 그래서 바울은 "자연인", 그러니까 거듭나지 못한 사람은 이 모든 것을 "어리석게" 여겨 이해하지 못한다고 말한다(고전 2:14).

이 모든 것이 하나님의 은혜를 증거한다. 이 모든 것이 하나님의 선물이기 때문이지만 그렇게 하실 필요가 없는데도 하나님이 그렇게 하셨기 때문이기도 하다. "하나님은 우리에게 빚진 것이 아무것도 없으시다"라고 파스칼이 잘 표현했듯이 말이다. 이 매력적인 말은 칼빈주의 모토에 가깝다. 나는 거기에다 "모든 것이 선물이다"라는 대구를 덧붙이고 싶다.

이런, 벌써 많이 늦었다. 우리 아이들이 아직까지 잠을 자지 못하고 있구나. 이 편지에서 네 질문에 답을 다한 것은 아니다. 이건 그저 시작일 뿐이다. 기대해라. 평강을 빈다.

제이미

추신

앞에서 인용한 에베소서 2장을 다시 읽어보길 바란다. 많은 사람들이 칼빈주의를 말하는 대표적인 성경 구절로 에베소서 1장을 (예정을 말한다는 이유로) 이야기하지만 나는 칼빈주의의 중심 주제가 에베소서 2장에 더 잘 드러나 있다고 생각한다.

Letter 5
하나님은 은혜를 베푸실 의무가 없으시다

제시,

이미 눈치챘겠지만, 지난번 편지에서 칼빈주의의 핵심을 이야기하면서 예정이나 선택은 일부러 언급하지 않았다. 이런 주제를 다루는 것이 타당하기는 해도 칼빈주의 하면 으레 사람들이 이런 주제에만 근시안적으로 매달리는 바람에 개혁주의 신학을 제대로 보지 못하는 경우가 얼마나 많은지 모른다. 하지만 그것들이야말로 지금 네가 가장 관심을 갖고 있을 것 같은 주제이니 이번 편지에서는 개혁주의 신학의 핵심을 소개한 지난번 방식과 연계해서 계속 설명해보려고 한다.

내가 은혜를 개혁주의 신학의 핵심으로 정의하긴 했지만 이는 또한 타락의 영향과 죄에 대한 근본적인 이해와 밀접하게 연결되어 있음을 너도 알 거다. 여기서 "근본적"(radical)이라 함은 죄가 우리 존재의 근원에까지 드리운 것으로 이해하는 것을 말한다(라틴어로 *radix*는 "뿌리"를 뜻한다). 도르트 신조에서(잘 알려진 약어 TULIP에서와 마찬가지로) 인간의 "전적인 타락"이 제일

먼저 언급되는 것도 바로 이 때문이다. 성경이 분명히 언급하고 있는 죄와 타락에 대한 이해가 선행되지 않은 채 "무조건적 선택"을 말하는 것은 아무런 의미가 없을 뿐 아니라 제대로 이해될 수도 없다. 자, 이제 지난번 편지에서 다루다가 만 데서부터 다시 이야기를 시작해보자.

칼빈주의자인 내가 **은혜**야말로 기독교 신앙의 핵심이라고 말한다면, 이는 바로 칼빈주의가 죄의 깊이를 심각하게 받아들이기 때문에 내가 칼빈주의를 확신하고 있다는 말이 된다(그러나 지난번 편지에서 내가 한 말을 기억하길 바란다. 은혜로운 하나님이 되기 위해 타락이나 죄가 필요했던 것은 아니다. 타락이나 죄와 상관없이 하나님은 은혜로우시다. 창조 자체가 이미 은혜의 행위요 하나님의 사랑의 표현이다). 죄란 원래 선했던 창조시 우리의 형질이 부패하고 왜곡되어 잘못 방향 지어진 것을 말한다. 그럼에도 창조의 선함은 타락한 세상에서도 일정 부분 계속된다. 일례로 지난번 나는 하나님은 우리를 하나님을 갈망하도록 지으셨다고 말했다. 어거스틴은 이를 다음과 같이 잘 표현했다. "하나님은 하나님 자신을 위해 우리를 지으셨기 때문에 하나님 안에 안식을 얻기까지 우리 마음은 도무지 쉼을 누리지 못합니다"(『고백록』 1.1.1). 어떤 죄도 창조시에 주어진 이 갈망을 지워버리거나 없애지 못한다. 다만 그 방향을 왜곡시킬 뿐이다. 특기할 만한 것은 우리의 의지로는 이 **틀어져버린 방향**을 올바르게 **재설정**할 수 없다는 사실이다(어거스틴이 『고백록』 제8권에서 말하는 핵심이 바로 이것이다). 오직 하나님만이 우리가 가진 의지의 방향을 근본적으로 새롭게 하실 수 있다. "중생이 믿음에 선행한다"는 개혁주의 구원 공식이 말하고 있는 바가 바로 이것이다. 즉 성령의 새롭게 하시는 **재창조의 역사가 먼저** 있어야 우리가 그리스도를 믿는 믿음을 가질 수 있다는 말이다. 우리의 믿음이 거듭남의 **원인**이 아니라는 뜻이지.

물론 이런 사실로부터 다음과 같은 의문이 생긴다. 하나님이 먼저 역사하셔야 그리스도를 향한 바른 믿음이 생긴다면, 하나님이 모든 사람을 구원의 대상으로 삼지 않으신 것이 분명하지 않느냐는 의문 말이다. 하나님이 정말 자유롭고 주권적인 온 우주의 창조주라면 그 누구도 하나님을 겁박하거나 뇌물을 써서 자신의 마음과 의지에 그런 역사를 하시도록 할 수 없는 것도 자명하다(물론, 지금까지 말한 것에 따르면 거듭나지 못한 사람은 구원을 바라는 것조차 할 수 없다). 그렇다면 누구를 거듭나게 할지도 하나님이 선택하시는 것이다. 이것이 바로 선택의 교리다. 하나님은 자유롭게 주권적인 은혜로, 혹은 에드워즈식으로 "하나님 당신의 즐거움을 위해" 긍휼을 베푸실 자를 택하신다(롬 9:18). 그렇게 "선택받은" 자들을 "택함을 받은 자"라고 하는데 이들은 구원으로 "예정된" 자들이다(엡 1:4-5).

이 질문에 대한 대답이 가진 난해함은 정반대되는 질문을 했을 때 드러난다. 하나님이 자신의 영광을 위해 거듭나도록 어떤 사람들을 선택하셨다면 그렇게 선택받지 못한 사람들은 간과하신다는 말인가? 어떻게 하나님은 어떤 사람들에게는 재창조의 은혜를 베풀고 어떤 사람들에게는 그렇게 하지 않을 수 있는가? 왜 하나님은 모든 사람에게 그렇게 하지 않으시는가?

제시, 지난번 편지에서 우리가 살펴봤던 원리를 기억해라. 하나님은 우리에게 무엇을 해야 할 의무가 없으시다. 선물을 주실 필요도 없고 우리에게 무언가를 해주셔야 하는 것도 아니다. 그러면 어떤 사람들은 이렇게 질문하겠지. "그렇다면 하나님이 아무런 이유도 없이 어떤 사람들은 지옥에 가도록 정하셨단 말인가?" 이것은 잘못된 질문이다. 하나님이 어떤 사람들을 구원하기로 정하셨다는 것 자체가 그렇지 못한 사람들을 정죄로 이끄셨다는 뜻은 아니다. 죄가 가진 가장 근본적인 성격은 누가 뭐래도 죄에 대한 책임이 자기 자신에게 있다는 사실이다. 내가 정죄를 받는다면 그것은 내 잘못 때문이고 이로 인해 심판을 받는 것 또한 나 때문이다. 만약 누군가 감옥에 갇힌 나 아닌 다른 죄인을 보석금을 내고 석방시켜주었더라도, 나는 나의 죄로 인해 죄인으로 남아 있는 것이다.

이런 사실에 반대하는 사람 중에는 다음과 같이 재빠르게 물어올 사람도 있을 것이다. "하나님이 임의로 어떤 사람을 거듭나도록 선택하셨다면 그렇게 은혜롭고 사랑이 많은 하나님이 왜 모든 사람을 거듭나게 하지 않는가?" 이는 더 어려운 문제다. 흔히들 하듯이 "그것은 우리가 이해할 수 없는 신비"라는 식으로 신학적인 회피 전략을 써 그냥 넘어가고 싶기도 하지만, 이 문제는 다음에 다뤄보기로 하자.

도움이 좀 되었는지 모르겠다. 내가 잘못 짚은 것이 있다면 알려다오. 지금은 나무 하나하나에 몰두하기보다는 숲을 먼저 봐야 할 때인 것 같다.

그리스도 안에서.

제이미

하나님은 우리의 질문에
답해야 할 의무도 없으시다

제시,

그래, 네가 뭘 말하려는지 잘 안다. 어려운 문제를 너무 일찍 다루는 것 같아서 나중에 다뤄야겠다는 생각에 지난번에는 그냥 지나갔다. 네가 한 질문은 너의 아르미니우스주의 친구들이 던질 만한 질문 중 가장 어려운 질문일 거라고 생각한다. 신학 역사를 조금 살펴본 다음에 이 문제를 다루는 게 좋겠지만(특히 어거스틴과 에드워즈를 조금 살핀 후에) 우선은 이렇게라도 대답해 보자.

지난번 편지에서 우리는 "하나님이 자신의 기쁘신 뜻을 따라 어떤 사람들을 거듭나도록 하셨다면, 그렇게 은혜롭고 사랑이 많은 하나님이 왜 모든 사람을 거듭나게 하지 않는가?"라는 질문을 던졌다. 하지만 어떻게 보면 이 질문은 "당신은 아직도 아내를 때리고 있습니까?"라는 유도심문처럼 부당한 질문이다. 너의 대답이 무엇이든지 이 질문은 너를 덫에 걸리게 만든다. 이 질문에 "아니요"라고 하면 지금은 아니지만 전에는 아내를 때렸다는 뜻이 되고, "예"라고 하면 지금도 여전히 아내를 때리고 있다는 뜻이 되기 때문이다. 우리가 지금 던진 질문이 이런 유도심문과 마찬가지인 이유는 어떤 대답을 하든지 진실을 얻을 수 없기 때문이다.

게다가 이런 물음에 답하는 게 더 어려운 이유는 하나님이 자신을 아시듯 우리가 하나님의 생각을 알 수 있다는 것처럼 질문하기 때문이다. 물론 유한한 인간은 하나님의 생각을 모두 알수 없다. 신비라고 말할 수밖에. 그 이유는 창조 이전과 관련된 이런 문제들에 대해서는 성경이 침묵하고 있기 때문이다(물론 어떤 개혁주의자들은 마치 자신들이 창조 이전에 하나님의 생각이 어땠는지 알고 있는 것처럼 말하기도 한다).

그렇다고 이 물음에 아무런 대답도 하지 않으면서, 너를 비판하는 사람들뿐 아니라 진리를 알고자 정직하게 질문하는 사람들도 이해해주길 바라서는 안 되겠지. 인간 본성의 깊은 곳에 자리한 정의감이나 공정함이나 선함에 대한 감각에서 비롯된 이런 질문은 어찌보면 당연하다. 충분히 하실 수 있으면서도 어떤 사람들에게는 그렇게 하지 않는 하나님에 대한 불만이 표출된 것으로 볼 수도 있기 때문이다. 하지만 동시에 칼빈주의자들도 이런 질문을 하는 사람들의 전제와 이해에 의문을 제기할 수있다. 만약 내가 덜 관용적인 사람이었더라면, 칼빈주의자들의 대답은 하나님을 우리를 위한 자판기 정도로 여기는 이런 이론에 의의를 제기한다고 말했을 거다. 어쨌든 분명한 것은 이런 질문은 전적으로 인간 중심적인 이해에서 비롯된 것이라는 사실이다. 이런 이해에 따르면 인간이야말로 핵심 주제이고, 하나님은 자신이 왜 모든 사람에게 은혜를 베풀지 않는지 직접 해명하셔야만 한다. 하지만 예배와 신학과 삶에 있어서 칼빈주의의 독특한 표지는 단호하게 **하나님 중심**적인 관점으로, 그 관점에서는 창조와 타락과 구속이라는 전체 드라마를 궁극적으로 하나님에 관한 것, 좀더 구체적으로는 하나님의 영광에 관한 것으로 본다. 아르미니우스적인 정서가 지배하는 오늘날의 복음주의는 하나님을 인간의 필요와 인간이 원하는 것을 돌보는 것에 여념이 없고 또 그래야만 하는 하인 정도로 전락시킬 만큼 완전히 인간 중심적으로 변질되었다(로드니 클랩은 이를 두고 "곰돌이 푸" 신학의 논리라 부른다. "벌 떼의 윙윙거리는 소리가 들린다. 벌 떼가 있으면 꿀이 있는 것이다. 그리고 그 꿀은 틀림없이 나를 위한 것이다"). 하지만 이와는 전혀 다른 세계관을 제공하는 칼빈주의는 우리의 사고를 완전히 뒤집어 우리의 시각을 우리의 필요에서 하나님의 영광으로 전환하도록 한다. "사람의 제일되는 목적은 무엇입니까? 하나님을 영화롭게 하고 그분을 영원토록 즐거워하는 것입니다"라고 웨스트민스터 교리문답이 말하듯이. 그러나 『야베스의 기도』(*Prayer of Jabez*, 디모데 역간) 류의 복음주의[이런 사고에 물든 설교자들은 청교도 설교자들보다는 전설적인 자기 계발 지도자인 토니 로빈스 류에 가깝다]에서 자란 우리는 이런 문답과는 정반대로 다음과 같이 답한다. "하나님이 힘쓰셔야 할 가장 주된 일은 무엇입니까? 나를 행복하게 하고 내가 원하는 것을 제공하는 것입니다."

자, 다시 우리가 앞서 제기했던 어려운 질문으로 돌아가보자. 이 물음에 대한 답 역시 어려울 수밖에 없다. 첫째, 왜 하나님은 어떤 사람은 선택하시고 어떤 사람은 선택하지 않으시는지 나도 모른다. 아는 척하고 싶지도 않다. 둘째, "하나님은 우리에게 아무것도 빚진 것이 없으시다"는 말은 하나님이 이 물음에도 답해야만 할 이유가 없다는 것을 뜻한다. 하나님이 우리의 질문에 꼭 답하셔야 하는 것처럼 생각하는 것은 하나님의 절대 자유와 주권을 손상시키는 일일 뿐이다. 하나님이 우리의 물음에 꼭 답해야만 하신다면, 그 하나님은 피조물에게 종속된 신이고 주권이 손상된 창조주일 뿐이다. 그래서 바울은 이렇게 말한다. "사람아 네가 누구이기에 감히 하나님께 반문하느냐? 지음을 받은 물건이 지은 자에게 어찌 나를 이같이 만들었느냐 말하겠느냐? 토기장이가 진흙 한 덩어리로 하나는 귀히 쓸 그릇을 하나는 천히 쓸 그릇을 만들 권한이 없느냐?"(롬 9:20-21) 셋째, 이해할 수는 없지만 하나님은 선택한 자들을 구원하시고 선택하지 않은 자들을 정죄하는 모든 일을 통해서 영광을 받으시며 앞으로도 그러실 것이다(롬 9:22-23).

칼빈주의를 비판하는 아르미니우스주의자들에게 마지막으로 답해야 할 중요한 것은 이것이다. 아르미니우스주의자들은 칼빈주의자들이 모든 사람을 선택하시지 않는 하나님에 대해 말함으로써 하나님을 무자비한 폭군으로 만든다고 비판한다. 하지만 너를 반대하는 아르미니우스주의자들 역시 이와 유사한 문제에 당면하게 된다. 보편구원론자가 아닌 한(아니라고 알고 있다) 그들 역시 세상의 모든 사람이 구원받지는 못한다고 생각하면서도, 그들은 "하나님은 한 사람도 멸망당하는 것을 원하지 않는다"고 주장한다. 그렇다면 최소한 어떤 사람들(얼마나 될지 모르겠지만)이 멸망당하는 것은 자명한 일이라면 이는 하나님은 자신의 뜻을 이루지 못하는 분이란 뜻일까? 또는 하나님의 뜻도 좌절될 수 있다는 뜻일까? 아니면 하나님은 주권적이고 전능하지 않다는 말일까?

그러면 네 아르미니우스주의자 친구는 이 부분과 관련해 하나님은 인간의 **자유의지**를 존중하는 분이기 때문에 어떤 식으로든 자신의 능력을 제한하신다고 답하겠지(너도 이런 "점잖은 생각"에 입각해 있는 터무니없는 말을 들은 적이 있을 거다). 자, 이 이야기를 시작했던 곳으로 다시 돌아가보자. 궁극적으로 너의 아르미니우스주의자 친구가 말하는 것처럼 구원이 "내 자유의지"에 따라 좌우되는 어떤 것이라면 두 가지 문제가 생긴다. 첫째,

이런 주장은 죄가 우리의 의지에까지 전방위적으로 영향을 미치고 있다는 성경의 진술과 정면으로 배치된다. 한마디로 이런 주장은 "어느 것 하나 예외 없이" **죄**의 영향 아래 있다는 사실을 제대로 이해하지 못한 주장이다. 아르미니우스주의자들의 가장 큰 약점이 바로 이 부분이다. 그뿐 아니다. 둘째, 구원이 정말 나의 행위에 따라 영향을 받는 것이라면 부분적이긴 하지만 구원은 결국 내 행위의 결과가 되는 것이다. 즉 구원이 "전적인" 은혜가 아니라는 뜻이 된다. 또한 이는 창조주가 피조물의 요청에 의해 휘둘리는 존재로 전락한다는 뜻이기도 하다. 아르미니우스주의자들의 주장은 "하나님은 당신을 구원하기 원하시지만 그분의 뜻은 당신의 선택에 달려 있다"라는 의미이기 때문이다. 이렇게 되면 창조주는 그저 내가 하나님께 나아오기만을 간절히 기다리는, 결국 피조물에 의해 이리저리 휘둘리는 하나님이 될 뿐이다. 나한테는 이런 말이 하나님에 대한 모욕으로밖에 들리지 않는구나.

곱씹어볼 게 꽤 많다. 잠시 시간을 갖고 잘 생각해보고 다시 연락하길 바란다.

제이미

추신

내가 보기에 조나단 에드워즈야말로 하나님의 영광의 중심성을 가장 잘 포착한 사람이지 싶다. 조나단 에드워즈가 가진 이런 하나님의 중심성에 대해 잘 해설해 놓은 책이 바로 현대의 고전이 된 존파이퍼의 『하나님을 기뻐하라』(*Desiring God*, 생명의 말씀사 역간)다. 이 책을 대학생 때 읽었던 기억이 아직도 생생하다. 기회가 되면 위에서 말한 이 두 가지를 잘 아우르는 이 책을 꼭 읽어보길 바란다. 에드워즈가 쓴 『천지창조의 목적』(*The End of Which God Created the World*, 부흥과개혁사 역간)과 이 책에 대한 파이퍼의 해설집인 『하나님의 영광을 위한 하나님의 열심』(*God's Passion for His Glory*, 부흥과개혁사 역간)도 읽어보고.

Letter 7
개혁하고 다시 개혁하고

제시,

한 가지 분명히 하고 싶은 게 있다. 내 편지가 너의 모든 의구심을 없애주고 모든 질문에 답을 주고 모든 상대를 물리치도록 해주는 묘약이 될 거라고 기대하지 말라는 거다. 최근 우리가 주고받은 여러 편지에도 불구하고 왜 네가 여전히 만족하지 못하고 혼란스러워하는지 충분히 이해한다. 너에게 두 가지를 부탁할까 한다. 첫째, 나한테 너무 많은 것을 기대하지 마라. 솔직히 말해 나도 여전히 이런 문제들을 알아가고 있을 뿐이다. 네가 내 대답을 통해 배우듯이 나도 네 질문들을 통해 배우고 있단다. 둘째, 실망하지 마라. 이제 막 대화를 시작했을 뿐이다. 네가 가진 의문이나 두려움, 의구심과의 씨름은 평생 계속해야 할 일이니 너무 조급하게 생각할 필요가 없다. 미리 주의를 하자면, 이제 더 이상 개혁이 필요 없을 것 같고 지금처럼 여러 가지 문제들과 혼란들이 다 해결된 것처럼 보일 때도 앞으로 더 많은 것들이 너를 기다리고 있을 거다. 분명히!

그렇다고 그것이 나쁜 것만은 아니다. 내 경우를 보더라도 개혁주의 전통에 몸담고 산다는 것이 언제나 "장밋빛" 일들만 가져오는 것은 아니었다. 개혁주의 진영에 대해 좀더 포괄적인 연구를 할수록 모든 것을 그만두고 싶을 만큼 고통스럽고 괴로운 적도 많았다. 부분적으로는 개혁주의 전통의 진짜 단점 때문이었을 테고 부분적으로는 내가 배웠던 개혁주의 전통의 제한적인 특성 때문이었겠지. 이 두 가지를 절감한다는 것은 곧 의심할 나위 없이 분명하고 순전한 것으로 알고 받아들인 것과 씨름한다는 것을 의미한다. 한마디로 그때까지 내가 집중적으로 받아들이고 배운 것들을 모두 내려놓아야 했다는 뜻이다. 하지만 이런 과정을 거쳐 다시 더 많은 것들을 확인할 수 있었다. 그런 의심들과 씨름하느라 멀리 돌아오기는 했지만 덕분에 새로운 안목과 이해를 가지고 개혁주의 전통을 바라볼 수 있게 되었다.

종교개혁자들이 주창한 구호 가운데 하나가 항상 개혁되어 간다는 뜻의 셈페르 레포르만다(*semper reformanda*)임에도 불구하고, 개혁주의 신학을 완전한 성취를 이룬 만고불변의 이상처럼 떠받드는 것은 오히려 개혁주의 정신과 정면으로 배치되는 행동이다. 평생 동안 진리를 추구할수록 네가 이십대 때 생각했던 것들이 더욱더 공고해지고 확실해질 거라 생각하면 오산이다. 성령께서 너를 더 성숙하게 만들고 변화시켜주실 것이라는 사실을 잊지 마라. 전통이 될 가치가 있는 것이 무엇인지를 놓고 끊임없이 씨름할 때라야 비로소 "전통"이 된다고 한 알래스데어 매킨타이어의 말이 떠오르는구나.

미안하다. 중년기인 내가 겪고 있는 좌절을 은근슬쩍 너에게 부과하는 것 같구나. 의심과 혼란과 의문은 결코 우리의 적이 아니라는 말을 대신하고 싶다. 개혁주의 전통에 위협이 되는 것은 그런 것들이 아니다. 방황한다고 다 잃어버리는 것은 아니란 말이다.

제이미

추신

미안. 네 질문에 답하는 것을 까맣게 잊어버렸다. 네가 목사나 신학자로서의 소명 의식을 느끼고 있는지 궁금하구나. 네가 부르심을 잘 분별할 수 있도록 기도해주마. 그런데 개혁주의 신학자가 되기 위해 지금부터 무엇을 해야 하는지에 대한 너의 질문은 어렵지 않다. 주일학교에서 초등학교 3학년 아이들을 가르치는 것부터 시작하면 된다.

제시에게

4955 El Segundo Blvd.

Hawthorne, CA 90250, USA

제네바에서 보낸 엽서

안녕! 여기는 제네바다. 칼빈이 머물렀던 개혁주의의 사령부라고 할 수 있는 이곳에 왔으니 네게 기별을 하지 않을 수 없지. 내가 이곳에 들른 이유는 생 피에르 성당 근처에 있는 칼빈 강당에서 열리는 컨퍼런스에 참석하기 위해서다. 그곳은 칼빈이(존 낙스와 테오도르 베자도) 설교했던 곳으로 스위스 종교개혁의 진원지다. 칼빈이 제네바에 끼친 영향에 대해 생각해보는 것은 매우 흥미로운 일이다. 칼빈이 말한 "칼빈주의"는 구원 고리에만 국한되지 않는다. 칼빈주의는 삶의 모든 것이 하나님의 은혜로 채워지고 자라가는 것을 대망한다. 여기에 와보면 칼빈이 바라본 것이 개인의 영혼 구원을 넘어 모든 곳에서 일하시는 구속주였다는 것을 알 수 있을 거다. 그가 바라본 구속은 창조된 세상만큼이나 컸다. 네가 알고 있는 칼빈주의는 얼마나 큰지 궁금하구나.

아듀!

제이미

Letter 8
개혁주의 신학에 대한 역사적 개관

제시,

제네바에 머무는 동안 개혁주의 신학에 대한 역사적인 이해를 더할 수 있었다. 이제 분위기를 조금 바꿔서 네가 두 번째 편지에서 질문했던 개혁주의의 역사와 배경에 대해 얘기해보자. 그렇게 하면 개혁주의 신학에서 구원론(선택, 예정, 구원 같은 문제들을 다루는 것)에만 지나치게 몰두하는 실수를 피할 수 있게 된다. "칼빈주의" 하면 대부분의 사람들은 구원론을 떠올리지만 사실 개혁주의 신학이라고 하는 거대한 비전은 여기에만 국한되지 않는다(핵심적이긴 하지만).

　　나보다 개혁주의 역사를 훨씬 잘 설명한 사람들이 있으니 [알리스터 맥그라스가 『기독교, 그 위험한 사상의 역사』(*Christianity's Dangerous Idea*, 국제제자훈련원 역간)라는 책에서 이 부분을 잘 다루고 있다] 나는 그냥 개혁주의 신학의 역사에 대해 간략하게 설명해볼까 한다. 한 세기 전에 쓰이긴 했지만, 마르틴 루터의 95개 조항의 신학적 의미와 칼빈과 그 이후의 개혁주의 신학의 발전에 관한 에세이가 포함된 워필드의 『신학 연구』(*Studies in Theology*)라는 책이 이 주제에 큰 도움을 준다.

개신교는 어거스틴파 수도사였던 루터가 1517년에 자신이 목회하던 비텐베르크 성당 정문에 95개 조항을 내걸었던 10월 31일을 종교개혁의 날로 기념한다. 중세 말기 교회가 정통 기독교 신학을 변질시키고 있는 것에 '항의'(protestant)한다는 의미로 루터가 이에 대한 토론을 제기했던 당시의 행위는 당시의 그런 상황에 대한 개혁을 요구하는 일종의 항의였다. "프로테스탄트 종교개혁"이라는 말이 바로 여기서 나왔지. 비단 이때뿐 아니라 그 이전이나 이후에도 얀 후스나 윌리엄 파렐, 그리고 마침내 제네바에 자리를 잡은 프랑스 태생의 존 칼빈 같은 이들을 통해서 같은 일들이 일어났다.

원래 종교개혁자들이 바랐던 것은 개혁이지 분리가 아니었다. 하지만 근본적일 수밖에 없었던 그들의 입장을 볼 때(중세 말기의 교회의 심각한 타락과 반종교개혁이라는 극단적 반응으로 인해) 새로운 교회, 혹은 교회의 새로운 분파적 태동은 필연적이었다. 이런 종교개혁에서 비롯된 교회들이 바로 루터교회(특별히 루터의 후계자인 필립 멜란히톤이 이끈)와 또 칼빈의 영향을 받아 생겨난 교회들이었다. 종교개혁은 영국에도 영향을 미쳐서 성공회를 태동케 했다("39개조 신조"라고 불리는 성공회 신조는 종교개혁 신학을 분명하게 천명하고 있다. 오늘날 더 많은 성공회교인들이 이를 실제로 믿으면 좋으련만!). 지난 10년 동안 역사신학 분야에서 가장 흥미로운 주제 가운데 하나가 "후기 종교개혁 신학" 혹은 "개신교 스콜라주의"라고 불리는 것들이다. 여기에는 17, 18세기에 이루어진 종교개혁 신학의 발전, 특히 프란시스 튜레틴 같은 사람의 작품을 통해 이루어진 유럽 대륙에서의 신학적 발전에 대한 연구를 포함한다. 칼빈 신학교의 내 동료인 리처드 멀러 교수가 이 분야의 최고 권위자지.

칼빈이 개혁주의 기독교 신앙을 향해 가졌던 비전은 특별히 네덜란드와 스코틀랜드에 뿌리를 내렸고, 이 두 진영은 개혁주의 신학과 실천에 있어서 고유하면서도 긴밀한 두 가지 흐름을 이루고 있다. 네덜란드에서는 "화란 개혁주의"라고 흔히들 말하는 신학적 흐름이 생겨났다[맨해튼이 뉴욕이라 불리기 전, 그곳에 뉴암스테르담을 세웠던 초기 정착자들 중 일부가 바로 이런 신앙을 가진 사람들이었다. 미국개혁교회(Reformed Church in America)가 미국에서 현존하는 가장 오래된 교단이 된 이유도 여기 있다]. 바로 이런 개혁주의 전통에서 나온 결과물들이 우리가 소중하게 여기는 벨직 신앙고백, 하이델베르크 교리문답, 도르트 신조 같은 개혁주의 신조와 신앙고백들이다. 화란 개혁주의 신학은 나중에 아브라함 카이퍼와 헤르만 바빙크, 루이스 벌코프 등을 통해 활짝 피었다. 네가 앞으로 더 친숙해지길 바라는 리처드 마우, 앨빈 플랜팅가, 니콜라스 월터스토프 같은 이들이 모두 이

신학적 흐름에 속한다. 오늘날 이런 전통을 가진 기관으로는 미시간 주 그랜드 래피즈에 있는 칼빈 대학교와 칼빈 신학교, 그리고 이보다 규모가 작기는 하지만 암스테르담에 있는 자유 대학교 등이다(물론 캐나다, 남아프리카, 인도네시아 등에 있는 기관들도 여기에 포함된다). 이 전통에 있는 교단으로는 기독교개혁교회 (Christian Reformed Church), 미국개혁교회, 최근에 기독교개혁교회에서 분리해 나온 연합개혁교회(United Reformed Church) 등이 있다(존 프레임이 "메이첸의 용사들"이라고 한 것같이 아브라함 카이퍼에게도 그의 전통을 잇는 용사들이 있단다).

스코틀랜드에서도 존 낙스의 영향 아래 또 다른 개혁주의 신학의 흐름이 생겨났는데, 웨스트민스터 회의에 모인 목사들을 통해 작성된 웨스트민스터 신앙고백과 웨스트민스터 대소요리문답이 이 사상을 잘 집약하고 있다. 존 오웬, 리처드 박스터, 그리고 나중에 미국 식민지 시대의 조나단 에드워즈 같은 청교도들이 바로 이런 영국-스코틀랜드 신학의 전통에 속한다. 그리고 개혁주의 신학의 이런 흐름은 나중에, 앞서 언급했던 찰스 하지, B. B. 워필드, A. A. 하지 등과 연관된 미국의 구 프린스턴 신학으로 이어지지. 오늘날에는 메이첸이 1929년에 프린스턴 신학교를 떠나 필라델피아에 설립한 웨스트민스터 신학교, 리폼드 신학교, 커버넌트 신학교 등이 이 전통에 속한다. 요즘에는 남침례 신학교 같은 곳이 이 흐름에서 놀라운 역할을 하고 있다

(내가 "놀라운 역할"이라고 말한 이유에 대해서는 나중에 말할 기회가 있을 거다). 교단적으로는 "주류"인 미국장로교회(Presbyterian Church in USA)뿐 아니라, 미국장로교회(Presbyterian Church in America), 정통장로교회(Orthodox Presbyterian Church) 등이 여기에 속한다.

특이한 사실은 네덜란드와 스코틀랜드로 대변되는 이 두 흐름 사이에 교류가 거의 없어 보인다는 것이다[터툴리안이 "아테네가 예루살렘과 무슨 상관이 있는가?"라고 말했듯이 우리도 "암스테르담이 에딘버러와 무슨 상관이 있는가?" 아니면 "그랜드 래피즈와 필라델피아가 무슨 상관이 있는가?"라고 물을 수 있을 것 같다]. 간혹 예외도 있기는 했다. 게할더스 보스가 그런 경우인데, 보스는 그랜드 래피즈에서 시작해서 프린스턴에서 학자로서의 생을 마감한 위대한 성경신학자였다. 그리고 코르넬리우스 반틸의 "전제주의"도 이 두 전통 사이에서 형성된 것 같다. 프랜시스 쉐퍼의 문화 비평 역시 이 두 진영에 많은 빚을 졌고 마이클 호튼은 현재 두 진영에서 왕성한 활동을 하고 있다. 하지만 아쉽게도 이런 경우는 소수일 뿐이고 서로 간의 긴밀한 교류는 거의 없어 보인다.

이런 역사적인 개관이 너처럼 이제 막 개혁주의 전통에 입문하는 사람에게는 자신이 어디쯤 자리하고 있는지를 이해하는 데 도움을 줄 거다. 너에게 친숙한 칼빈주의는 대체로 스코틀랜드 전통에서 기인한 구 프린스턴에 가까운 것 같더구나. 나도 그와 비슷한 과정을 통해 좀더 광범위한 칼빈주의 전통에 들어왔지. 이렇게 개혁주의 역사를 거시적으로 살펴보는 것이 개혁주의 전통이 스코틀랜드 칼빈주의로 국한된 것이 아니라는 것을 이해하는 데 도움이 되리라 믿는다. 실제로 **칼빈**은 스코틀랜드의 칼빈주의보다 더 컸단다.

이런 사실에 대해 네가 어떤 생각을 갖고 있는지 알고 싶구나. 곧 다가오는 네 생일을 축하하는 선물로 조나단 에드워즈 전기의 결정판이라고 할 수 있는 조지 마스덴의 책 『조나단 에드워즈 평전』(*Jonathan Edwards: A Life*, 부흥과개혁사 역간)을 동봉한다.

즐거운 독서가 되기를 바란다!

그럼.

제이미

Letter 9
종교개혁자들의 대부, 어거스틴

제시,

지난번의 짧막한 교회사 강의가 재미있었다니 다행이다. 굳이 그 강의에 제목을 붙이자면 "초보자들을 위한 개혁주의 역사 개관"이라고 해두자. 물론 그렇다고 네가 초보라는 말은 아니다.

하지만 루터 이전을 언급하지 않았기 때문에 전체 그림이 다소 왜곡될 수 있다는 걸 명심하렴. 사실 종교개혁의 중심인물은 루터보다 거의 천 년 전에 살았던 어거스틴이다. 기억하겠지만 루터가 소속되어 있던 수도회가 바로 어거스틴 수도회였다. 교회를 새롭게 하려는 루터의 비전이 "은혜 교리의 대부"인 어거스틴에 대한 새로운 이해에 기인했다는 것이 결코 놀라운 일이 아닌 이유가 이 때문이다. [어거스틴 수도회가 운영했던 빌라노바 대학교에서 연구할 때, 나는 어거스틴 수도회 소속이었던 루터에 대해 공감을 표함으로써 가톨릭 신자 동료들을 놀리곤 했지!] 에라스무스로 대변되는 르네상스 인문주의에 깊은 인상을 받았던 칼빈은 과거를 자신이 당면했던 시대를 새롭게 하기 위한 원천으로 보았다. "원전으로 돌아가자"는 인문주의의 모토(구시대의 것은 무조건 저급하게 본 계몽주의의 연대기적 속물근성과는 큰 대조를 이룬다)를 통해 칼빈은 교부들, 그중에서도 특히 어거스틴에게 눈을 돌렸다. [이 부분에 대해서는 앤토니 레인의 책 『칼빈, 교부들의 학생』(*John Calvin: Student of the Church Fathers*)이 큰 도움이 될 거다.]

어거스틴이야말로 종교개혁의 수호성인이었다. 종교개혁자들은 어거스틴의 신학이 **바울**의 신학을 가장 잘 표현하고 있다고 생각했다. 따라서 개신교도인 우리가 잘난 체하거나 경건한 체하거나 우쭐해 하지 않으려면 "종교개혁 신학"이 그저 16세기의 산물이 아님을 알아야 한다. 종교개혁은 기본적으로 **어거스틴**의 세계관을 재발견해 새롭게 진술한 것일 뿐이며, 무엇보다 그리스도의 부활이 무엇을 뜻하는지에 대한 바울의 비전을 해설해놓은 것이다. 이처럼 종교개혁 신학의 계보는 1500년대를 넘어 신약성경으로까지 거슬러 올라간다. (성경을 세대주의처럼 각각 분리된 시대나 여러 세대들이 연속된 것으로 보는 것이 아니라, 점진적으로 계시된 **하나의 이야기**로 이해하는 일관되고 명쾌한 개혁주의적 "언약" 개념으로 보면 종교개혁은 신약성경 이전으로까지 거슬러 올라간다. 여기에 대해서는 나중에 자세히 살펴보기로 하자.)

이는 곧 종교개혁자들이 자신들을 단순히 1세기로 돌아가려고 하거나 전통과 대비되는 일종의 성경에 대한 "순수한" 이해를 회복하려는 사람들로 보지 않았다는 말이다. 물론 그들은 오직 성경(*sola Scriptura*)을 강조했다. 그렇다고 이 말이 그들이 "전통"을 전적으로 거부했다는 뜻은 아니다. 특별히 칼빈에게 전통, 특히 어거스틴 같은 교부들을 통해 이어진 전통은 성경에 드러난 하나님의 계시를 이해하는 데 필수적인 지혜를 제공하는 선물이었다. 물론 하나님의 말씀과 비교할 때 전통은 부차적인 것이지만 교회를 통해 전해온 성경 해석의 전통은 고마운 동반자요 신뢰할 만한 지침이었다. 어거스틴이 종교개혁에 얼마나 크게 기여했는지를 보면 이 사실이 더 분명해진다. 칼빈이라면 하나님이 그분의 종 어거스틴을 통해 주신 모든 것들을 무시하고 그것을 뛰어넘겠노라고 하는 것을 성령이 주신 선물을 거부하는 어리석은 짓으로 여겼을 거다[D. H. 윌리엄스의 『복음주의자와 전통』(*Evengelicals and Tradition*)이 이 부분을 잘 다루고 있다].

이는 루터와 칼빈이 자신들을 여전히 "가톨릭교도"로 여긴 것만 보아도 잘 알 수 있다. 로마 가톨릭의 폐해와 악습을 신랄하게 비판했음에도 불구하고 루터와 칼빈은 자신들이 여전히 공교회의 보편적이고 정통적인 신앙을 이어가고 있다고 생각했다. 종교개혁은 공교회에서 일어난 어거스틴의 성경 이해를 힘입은 교회 갱신운동이었다. 이렇게 말하면 놀랄지도 모르겠지만 개혁주의 신앙을 따른다는 것은 진정한 의미에서의 가톨릭적(catholic, 보편적)이 된다는 뜻이다.

　너의 오랜 친구로부터.

제이미

제시에게

4955 El Segundo Blvd.

Hawthorne, CA 90250

프린스턴에서 보낸 엽서

네 소식 들은 지 꽤 된 것 같구나. 잘 지내고 있겠지? 무소식이 희소식이라고들 하지만 소식이 없는 게 마음에 걸리는구나. 프린스턴에서 보내는 이 엽서로 인해 네 기별을 들었으면 좋겠다. 이곳의 학장이었던 조나단 에드워즈가 잠시 살았던 낮소 홀이 아직 그대로 있더구나. 이곳에 학장으로 와서 천연두에 걸려 숨지기까지 겨우 두 달 남짓 살았던 곳이다. 오늘날 이곳 낮소 홀에 에드워즈가 다시 온다면 얼마나 환영을 받을지 잘 모르겠다. 파란만장한 삶을 살았던 그의 손자 애론 버의 무덤 곁에서 그의 무덤을 보는 것 또한 새롭구나. (고어 바이달의 소설이 머릿속에서 맴돈다!)

어쨌든, 잘 지내기를 바란다. 소식 기다리마.

제이미

Letter 10
개혁주의자가 된다는 것은
보편적 교회의 신자가 된다는 뜻이다

제시,

그래, 솔직하게 말해줘서 고맙다. 용기가 필요했을 텐데 대견하구나. 네가 무엇을 우려하고 있는지 안다. 정말이다. 밑도 끝도 없이 너무 갑작스럽게 얘기를 꺼낸 것 같구나. "개혁주의" 신앙을 가진 사람이건 그렇지 않은 사람이건 간에 개혁주의를 규정할 수 있는 사람이나 자리에 앉아 있기라도 한 것처럼 구는 네 친구들의 태도가 썩 달갑지 않지만, 그래도 내가 너무 앞질러 간 것 같다. 좀더 차분하게 설명했더라면 좋았을 것 같다.

그렇기는 해도 네가 그렇게 조급해하는 이유는 잘 모르겠다. 내 말이 "논점을 벗어났다"고 생각하는 이유도 그렇고. 선택과 예정에 대해서 이야기하지 않은 것 때문이니? 물론 그런 주제가 중요하기는 하지만 칼빈주의는 그것보다 훨씬 더 크다는 사실을 알았으면 좋겠다.

심지어 칼빈 자신도 이런 주제들을 개혁주의 신학에서 없어서는 안 될 핵심 주제로 여기지 않았다. 어떻게 아냐고? 랜달 자크만의 탁월한 책 『교사, 목회자, 신학자로서의 칼빈』(*John Calvin as Teacher, Pastor, and Theologian*)을 보면 칼빈은 어린이들을 어떻게 하면 기독교 신앙으로 자라게 할 수 있을지에 관심이 많았다. (칼빈이 너희 교회의 주일학교 목사라고 생각해봐라!) 사실 칼빈은 목회 사역 내내, 심지어 그의 인생 말년에 이르기까지 이런 관심의 끈을 놓지 않았다. 제네바에서 목회를 할 때도 어린이들을 위해 두 개의 교리문답(매우 다른)을 썼지만 그는 이 부분을 여전히 아쉬워하고 있었다.

이 두 교리문답에서 발견되는 차이점이 흥미롭다. 1537년에 쓰인 첫 번째 교리문답은 나중에 쓴 『기독교 강요』의 근간이 되었다. 자녀들의 신앙 양육을 돕기 위해 쓴 이 교리문답은 『기독교 강요』와 똑같은 구조로 이루어졌을 뿐 아니라 『기독교 강요』가 다루는 주제들을 모두 다루고 있다. 하지만 나중에 스트라스부르그에서 제네바로 돌아온 칼빈은 이 교리문답을 처음부터 다시 손볼 필요를 느꼈고 그래서 1545년에 교리문답을 다시 펴냈다. 먼젓번 것과 달리 여기에는 그의 목회적 심정과 자녀들을 가르치는 데 "알맞게" 하려고 했던 노력이 역력히 드러나 있다(문답형식을 사용한 것이 그 일례다). 웨스트민스터 교리문답의 첫 번째 질문을 예상이라도 한듯, 칼빈은 여기서 "인생의 제일되는 목적은 무엇입니까?"라고 동일한 질문을 던진다.

그러나 내가 주목하는 것은 칼빈이 여기에 **포함시키지 않은 것들이다.** 이 교리문답은 "인생의 제일되는 목적"인 바른 **예배**를 드릴 수 있도록 자녀들을 교육하고 훈련하여 자녀들 스스로 신앙을 고백하는 데까지 자라도록 구비시키는 것에 초점이 맞추어져 있다. [어거스틴 역시 『신국론』(*The City of God*, 분도출판사 역간) 제19권에서 같은 이야기를 한다.] 하지만 "인생의 제일되는 목적"을 이루도록 자녀들을 구비시키는 데 알맞은 교육 형태를 계발하면서 칼빈이 1536년 판 교리문답에서 누락한 주제가 무엇인지 아니? 바로 선택과 유기 교리, 그리고 의지의 자유로운 선택에 관한 논의였! 너의 칼빈주의 친구들이 칼빈이 그랬다는 것을 알면 실망을 금치 못하겠지. 그렇게 따지면 그래도 나는 꽤 괜찮은 편이지? ☺

이런 사실을 언급한 이유는 선택과 예정 같은 주제들이 종교개혁자들을 깨웠던 더 큰 그림 속에서 제대로 자리 잡아야 한다고 보기 때문이다. 그러고 보니 개혁주의 신앙을 갖는 것과 진정한 의미의 "가톨릭"이 되는 것의 문제로 자연스럽게 다시 돌아오게 되었구나. 은혜 교리가 교회를 새롭게 하는 종교개혁의 중심에 자리하는 것이 분명하긴 해도 이것 역시 개혁을 위한 더 큰 관심사의 일부였을 뿐이다. 잘 기억해둬라. 종교개혁자들이 구원 교리(혹은 "은혜 교리")만을 개혁하려고 했던 것이 아니라는 사실을. 그들은 당시의 **교회**를 개혁해 새롭게 하기를 원했고 특히 교회의 **예배**를 그렇게 하려고 했다. (한 걸음 더 나아가 칼빈은 제네바의 정치를 개혁하는 데 관심이 있었다. 이런 종교개혁 전통의 유산을 물려받은 많은 사람들 역시 복음이 가진 사회적 의미를 이해하고 있었다. 이렇듯 개인 구원 교리를 넘어서는 종교개혁 전통의 유전자는 계속 이어졌다. 이 주제에 대해서는 나중에 다시 이야기할 기회가 있을 거다.)

내 말은 종교개혁자들이 혁명가들은 아니었다는 것이다. 다시 말해 그들은 기존 교회를 완전히 허물고 신약성경이 말하는 "순수한" 교회의 원리로 다시 돌아가 처음부터 다시 시작할 것을 주장하지 않았다. 이들은 자신들이 속사도 교부들의 전통을 뛰어넘고 있다고 생각하지 않았다. 그들은 단순히 교회를 **개혁**하고 있다고 생각했다. 이런 의미에서 그들은 자신들을 전통의 후예요 그것에 빚진 자들이라고 여겼다. 어거스틴과 대(大) 그레고리, 크리소스톰, 안셀름 같은 교부들이 목소리를 발하던 수 세기 동안 그들에게 말씀의 지혜를 열어 보인 분이 성령이라는 사실을 이들은 잘 알고 있었다. 종교개혁의 전통을 "가톨릭적"(곧 "보편적")이라 부르는 것은 **역사 속에서** 일하시는 성령을 이 전통이 인정하고 있으며, 전통이라는 선물을 말씀에 부합하는 성령의 선물로 받아들였다는 뜻이기 때문이다.

너나 나처럼 시원주의적인(primitivist) 배경에서 자라다가 개혁주의 전통에 속하게 된 사람들이 가장 받아들이기 어려운 부분이 이 부분이지 싶다. 나는 "시원주의적"이라는 말을 역사를 부정적으로 받아들이면서 자신들을 "순수한" 성경의 가르침, 혹은 "신약성경의 교회 원리"를 다시 회복하려는 사람들로 보는 기독교 전통을 가리키는 의미로 쓰고 있다. 나 같은 경우는 플리머스 형제단에서 회심하면서 이러한 사상을 받아들였다. 하지만 너하고 내가 자랐던 오순절 교회들에도 동일한 시원주의가 자리하고 있었지. 현대를 산다는 이유로 우리가 성경을 더 잘 읽고 이해할 수 있기라도 한 것처럼 교회의 선물인 어거스틴이나 암브로스 같은 스승들을 가볍게 여기는, 전에 내가 말했던 그런 비약 같은 정서 말이다. 이런 자기 과신과 오만은 전통을 벗어버리는 것이 "이성적으로" 성숙한 것이라고 생각했던 계몽주의의 연대기적 속물근성을 반영하는 것이다. 아이러니하게도 그런 순수한 원리로 돌아가자는 시원주의가 사실은 정확히 **현대적**인 이유가 바로 여기에 있다.

이와는 달리 종교개혁자들이 "보편적"이었던 것은 그들이 **성육신적**이었기 때문이다. 종교개혁자들은 성령이 우리를 모든 진리로 인도하실 거라는 예수님의 약속을 진지하게 받아들였다 (요 16:13). 그들은 이를 하나님이 "우리와 같이 되신 것인 성자의 성육신이" 확장된 것으로 보았던 것이다. 이는 진실로 교회가 성령으로 생명을 얻은 그리스도의 몸임을 확증하는 것이었고, 이는 곧 성령께서 시간 **안에서** 그리고 시간을 **가로질러** 그리스도의 몸에 거하시며 역사하신다는 뜻이다. 루터식으로 말하면 "바벨론의 포로 된 교회"를 보며 탄식했을 것이 분명하지만 그럼에도 로마 가톨릭 교회 안에서도 교회가 지속된다는 사실을 인정한 것이다.

"개혁주의자가 된다는 것은 가톨릭(보편적) 교회의 신자가 된다는 것"이라는 내 말이(이 말이 얼마나 도발적인지 나도 잘 안다) 너를 놀리는 것처럼 들렸을 수도 있지만 그런 의도는 결코 없었다. 가끔씩 너의 칼빈주의 친구들이 존 칼빈을 칼빈주의자가 아닌 것처럼 만드는 것이 우려될 뿐이다! 성육신을 중심으로 받아들인 데서 비롯된 종교개혁 전통의 공교회성(catholicity)을 네가 볼 수 있게 되기를 진심으로 바란다. 하나님은 우리를 위해 시간을 뚫고 오신다. 이제 보니 편지가 너무 장황해졌다. 미안하다.

평안을 빈다.

제이미

Letter 11
"신앙고백적" 그리스도인이 된다는 의미

제시,

지금까지 우리가 나눈 내용과 직접적으로 관련된 아주 좋은 질문을 했더구나. 네가 그렇게 묻는 것을 보니 지금까지 나눈 편지의 "흐름"을 잘 따라온 것 같아 기쁘다. 자, 그럼 이제 내가 대답할 차례다.

개혁교회들에서 볼 수 있는 것처럼, 어떤 교회 혹은 전통이 스스로를 "신앙고백적"이라고 할 때는 신조와 신앙고백을 성경을 이해하기 위한 신뢰할 만한 규범으로, 그리고 제자로서의 삶의 지침을 명시한 교회의 "교리 표준"으로 받아들인다는 것을 말한다. 구체적인 예를 들면 이해하기 쉬울 거 같다.

우선, 신조와 신앙고백이 **구분**되는 것에 주목해보자. "신조"란 보통 교부들이 살았던 시대에 형성된 교회의 역사적 문서들을 가리킨다. 신조(또는 신경)는 여러 교회들을 불러 모아 진행된 회의들의 결과물이다. 신조를 "범 교회적 신조"라고 부르는 것도 이 때문이지. 신조는 또한 교회가 동방교회와 서방교회(흔히들 동방 정교회와 로마 가톨릭이라고 부르지)로 나뉘기 전에 이루어진 신앙고백들을 말하기도 한다. 모든 그리스도인들이 가장 초기의 이런 신조들을 받아들였다. 이런 신조들이 교회의 가장 오래된 신앙고백을 잘 담고 있기 때문이라고 할 수 있지. 그래서 신조라 하면 우리는 으레 '사도신경'을 생각한다. 기독교 신앙을 가장잘 요약하고 있는 이 신조는 세례시 신앙고백의 표준으로 사용되기도 한다. 사도신경보다 신앙의 내용을 더 완벽하게 천명하는 신조는 니케네 신조와 아타나시우스 신조다. 그중에서도 아타나시우스 신조는 삼위일체 신앙을 견실하고도 세밀하게 서술한다.

반면에 "신앙고백"은 앞에서 언급한 초기 신조들을 근거로 신앙의 내용을 서술하는 신조들보다 좀더 나중에 나온 문서들을 말한다. 보통 교리문답이 이런 신앙고백의 중심을 이루는 경우가 많다. 이런 신앙고백은 주로 종교개혁 시대와 그 영향으로 나온 문서들로 주로 16, 17세기의 산물이다. 나는 이 신앙고백들을 유럽 대륙의 종교개혁을 통해 작성된 "대륙" 신앙고백과 영국과 스코틀랜드 종교개혁으로부터 비롯된 "앵글로"(영국계) 신앙고백으로 구분한다. 이렇게 보면 대륙 신앙고백에는 루터교의 아우구스부르크 신앙고백뿐 아니라, 조금 더 구체적으로 벨직 신앙고백, 하이델베르크 교리문답, 도르트 신조 같은 칼빈주의 교리적 표준이 포함된다. 앵글로 신앙고백에는 영국 성공회의 39개조 신조, 웨스트민스터 대소요리문답을 포함한 웨스트민스터 신앙고백이 포함된다. 개혁교회들이 주로 대륙 신앙고백을 채택하고, 장로교회들은 대체로 앵글로 신앙고백 표준, 그중에서도 웨스트민스터 신앙고백을 따른다.

자신들을 "신앙고백적"이라고 부르는 교단이나 전통이 신조나 신앙고백을 성경과 동등한 위치에 놓거나 자신들이 따르는 신앙고백을 무오하다고 주장하는 것은 아니다. 신앙고백은 유일하고 무오한 성경의 권위 아래에 위치한다. 그것은 신조도 마찬가지다. 신조와 신앙고백은 성경의 이해를 돕고 가르치기 위한 것이다. 신조나 신앙고백에 대해서는 또 다음과 같이 생각할 수 있다. 예를 들면, 하이델베르크 교리문답은 사도신경을 일컬어 복음의 "개요"라고 한다. 여기서 우리는 이 둘 사이에 흥미로운 층이 형성되는 것을 볼 수 있는데 하이델베르크 교리문답 자체는 신조들보다 훨씬 나중에 작성된 "신앙고백"이라는 점이다. 이 교리문답에서 상당히 많은 분량을 차지하는 기독교 신앙에 대한 요약과 설명 부분이 사도신경에 관한 것이다. 하지만 이 교리문답은 사도신경이 성경이 온전히 말하는 신앙의 내용을 이미 체계적으로 정리하고 있다고 본다. 이 교리문답에 따르면 "전 세계적으로 의심 없이 고백되는 우리가 고백하는 기독교 신앙의 신조들에 복음이 잘 요약되어 있다"고 기록한다.

둘째, 신조와 신앙고백은 일종의 **줄거리 개요**라고 할 수 있다. 축소판이 아니라 요약이나 개요라고 말이다. 여기서 중요한 것은 신조와 신앙고백이 성경을 **대신**하는 것이 아니라 성경이라는 더 위대한 내용으로 **인도**하는 관문이라는 점이다. 교리문답은 갓 신앙을 가진 사람들이 믿음에 이르도록 하기 위해 기록된 것이기 때문에 이런 교육적 기능이 있는 것이다.

셋째, 신앙을 언어라고 한다면 신조와 신앙고백을 언어의 **문법**이라고 간주할 수 있다. 우리가 다른 언어를 배우는 것은 그 언어로 말하려는 것이지 문법 자체를 배우려는 것이 아니다! 문법은 언어를 배우기 위한 방편이지. 우리가 헬라어 문법을 배우는 이유는 문법을 알기 위해서가 아니라 문법을 앎으로 헬라어를 읽고 특별히 헬라어로 된 신약성경을 읽기 위함이다. 마찬가지로 신조와 신앙고백이 말하는 신앙의 "문법"을 배우는 것은 그것을 통해 성경을 더 잘 이해하고 신앙생활을 하는 데 도움을 받기 위한 것이다.

개혁주의 전통을 따르는 "신앙고백적" 교회들은 신조와 신앙고백을 선물로 생각한다. 성경에서 약속하신 대로 승천하신 주님은 교회들에게 사도와 선생들과 목사들을 선물로 주셔서 "성도를 온전하게 하며 봉사의 일을 하게 하며 그리스도의 몸을 세우고, 우리가 다 하나님의 아들을 믿는 것과 아는 일에 하나가 되어 온전한 사람을 이루어 그리스도의 장성한 분량이 충만한 데까지 이르도록" 하신다(엡 4:12-13). 교회들로 하여금 세상 풍조에 휘둘리지 않도록 하기 위해 주님이 이런 선물들을 주시는 것이라면, 개혁주의 전통은 신조와 신앙고백을 주님이 교회에 주신 이런 선물들로부터 나온 선물로 본다고 말할 수 있다. 다시 말해 신조와 신앙고백은 성령께서 모든 세대를 통틀어 교회의 선생들에게 주신 지혜의 결실로서 우리에게 "전해진"(traditio) 선물이다.

이런 사실과 지난번 편지에서 우리가 했던 논의에서 느껴지는 차이를 네가 간파할 수 있었으면 좋겠다. 여기에는 교회 역사에 대한 확고한 인정과 우리를 모든 진리로 인도하실 거라는 성령의 약속에 대한 전적인 신뢰가 깔려 있다. 그리스도의 성령이 역사 속에서 **성육신적**으로 일하시고 주님이 약속하신 대로 **교회는 그리스도의 몸**이며 우리가 자의로 살도록 내버려두시지 않을 뿐 아니라, 빛과 능력의 영으로 오신 성령께서 그리스도의 몸 된 **교회인 우리** 안에 거하시고 역사하신다는 사실에 대한 근본적인 신뢰 때문에라도 개혁주의 전통을 "신조적" 혹은 "신앙고백적" 전통이라고 말하는 것이 맞다. 그렇기 때문에 어떤 기독교 진영에서 보이는 "반신조적인" 모습은 기독교 역사에 대한 의심을 품은 일종의 영지주의적 태도라 할 수 있다. 그리스도의 인성을 부인했던 이단들과 마찬가지로 정통 기독교 신조와 신앙고백의 유산을 받아들이지 않는 사람들은 어떤 면에서 **또다시** 그리스도의 몸을 부정하고 있는 것이다. 결국, "오직 성경"을 주장하며 신조를 반대하는 전통들("전통"을 거부하는 전통들!)은 그리스도께서 성령을 통해 약속하신 선물을 거부하고 있는 것이다.

이런, 편지가 장황해졌구나! 내가 신조와 신앙고백이라는 선물을 정말 소중히 여긴다는 뜻으로 생각해주길 바란다. 더 하고 싶은 말이 많지만 오늘은 이쯤 하는 것이 좋을 것 같다.

그리스도 안에서.

제이미

추신

내가 며칠 전에 『보편교회 신조들과 개혁주의 고백서』라는 작은 책을 보냈는데 잘 받았는지 모르겠다. 신조와 신앙고백을 좀더 깊이 살피는 데 도움이 될 거다. 나중에 기회가 되면 하이델베르크 교리문답을 한달음에 읽어봐라.

추추신

미안, 편지를 써놓고 부치는 걸 깜박했다. 기왕 이렇게 된 김에 생각난 것들을 몇 가지 덧붙이려고 한다. 내가 처음으로 접한 개혁주의 신앙고백은 웨스트민스터 교리문답이고 그 후에 웨스트민스터 신앙고백을 보았다. "사람의 제일되는 목적은 무엇입니까? 하나님을 영화롭게 하고 그를 영원토록 즐거워하는 것입니다"라는 놀라운 문답으로 시작하는 이 교리문답을 내가 처음 접하게 된 것은 존 파이퍼의 책을 통해서였던 것 같다(너도 알다시피 파이퍼는 이 대답을 어거스틴식으로 "하나님을 영원토록 즐거워함으로 그분을 영화롭게 하는 것"이라고 해석한다). 어쨌든 나는 웨스트민스터 신앙고백에서 많은 교훈과 도전을 받았다.

하지만 하이델베르크 교리문답을 발견했을 때 나는 웨스트민스터 신앙고백이라고 하는 건조한 사막 같은 메마른 스콜라주의와는 대비되는 생기 넘치는 오아시스를 만난 것 같았다. 하이델베르크 교리문답이 말하는 하나님은 주권적인 우주의 주인이나 칭의의 판결을 내리는 의로운 재판장 정도에 그치지 않는다. 이 교리문답은 하나님을 끊임없이 **아버지**로 보여준다. 일례로 사도신경의 첫 번째 항목을 설명하면서("천지를 지으신 전능하신 아버지 하나님을 믿사오며") 하이델베르크 교리문답은 하나님이 그 손으로 온 우주를 붙드시는 방식을 논할 뿐 아니라 창조주께서 우주의 얼룩 같은 나를 주목하신다고 단언한다. 제26문의 답은 그 사실을 이렇게 요약한다. "하나님은 전능하신 하나님이기 때문에 이 일을 능히 하실 수 있습니다. 그분은 또한 신실한 아버지이시기에 기꺼이 그렇게 하시기를 바라십니다."

개혁주의 신학이 우리에게 우리의 지적 열정과 신학적 호기심에 대해서 답을 주듯이 우리 안에 있는 근원적인 두려움과 필요에 대해서도 그렇게 할 수가 있을까? 너는 지금 내가 무엇을 말하는지 알 거다. 우리 조상들이 없었다면 우리 둘 다 이 세상에 존재하지 못했겠지. 하지만 하이델베르크 교리문답의 이 부분을 읽을 때마다 나는 그리스도 안에서 결코 나를 버리지 않을 "신실하신" 아버지를 가졌다는 사실을 되새기게 되고 그 사실에 압도된다. 아니 그 아버지가 나를 발견하시고 나를 찾아오시며 나를 부르고 계신다고 말하는 것이 맞겠지.

고향집에 계시는 아버지(이 땅의 아버지)가 나를 얼마나 생각하고 계시는지 생각해본 적 있니? 혹시 아버지가 나에게 연락을 하시지 않을까 하는 마음으로 밤을 보낸 적이 있니? 내내 연락 한 번 없다가 아버지가 나를 생각하고 계신다는 사실을 깨닫게 해주는 좀 얼쭘하고 어색한 전화를 은근히 기다리고 있는 나를 발견할 때가 나는 자주 있단다. 그건 내가 여기 이렇게 있다는 걸 내 아버지가 기억하고 계신다는 사실을 확인시켜주는 전화이기 때문이겠지. 어쨌든 이런 사실을 그토록 확인하고 싶어하는 이유는 도대체 무엇일까?

내가 여기 이렇게 살고 있다는 것을 알고 계시며, 바로 이곳으로 나를 찾으러 오신 "신실하신 아버지"가 내게도 있다는 사실을 기억하면—어떤 날에는 좀 약하게 다가오더라도—위로를 얻는다.

예배 말미의 축도 순서를 내가 그토록 기다리는 것도 바로 이런 이유 때문이란다. 지금은 계시지 않은 내 육신의 아버지로부터 그렇게도 듣기를 바랐던 말을 나의 "신실하신 아버지"께서 들려주시는 시간이 바로 그 시간이기 때문이지. 별것 아닌 것처럼 보일지도 모르지만 여기 오래전에 지었던(내 시에 대한 괜한 변명같이 들리지만) 내 시 한 편을 동봉한다.

축도

한 주 내내 기다렸던 이 시간,
목사님의 두 팔이 뭔가 어색한 성스러움 가운데 올라간다.
특이하게 굽은 그의 어깨와 팔꿈치는
야구공을 그리 잘 던지지 못할 것 같고,
마운드에 서면
흠씬 두들겨 맞을 것 같다는 생각을 하게 만든다.

금새 힘겨움을 느끼는 어깨 위로
가늘게 떨리는 손가락을 편 그의 부드러운 손이
지금 이 순간 축복의 통로가 된다.

여기 우리는 손을 간절하게 내밀어
축복을 읊는
하늘 아버지의 대리자로부터
은혜의 부스러기라도 얻을 수 있기를 고대한다.

Letter 12
웨스트민스터를 넘어서

제시,

미안. 앞에서 쓴 장문의 편지는 "감상적"으로 쓰려고 한 것이 아
닌데 어쩌다 보니 그렇게 됐구나. (동봉했던 그 시는 잊어주길 바란
다.☺) 어쨌든 답장과 기도 고맙다. 칼빈주의는 신학적 "체계"만
을 일컫는 것은 아니다. 청교도들이 말한 것처럼 칼빈주의가 하
나의 **영성**이요, 경건이라는 사실을 알았으면 좋겠다[이것이 제임
스 패커의 탁월한 책 『청교도 사상』(*A Quest for Godliness*, CLC 역간)을
읽고 가장 기억에 남았던 부분이지]. 개혁주의 전통은 우리를 "똑똑
한" 그리스도인으로 만들기 위한(그리고 나서 "우둔한" 그리스도인
들을 내려다보도록 하는) 지적인 틀이 아니다. 일관된 논리와 이론
적 매력으로 동경의 대상이 되는 복잡한 신학체계도 아니다. 칼
빈주의는 무엇보다 제자로 부르시는 예수님의 소명에 대한 분
명한 진술이란다. 도래하는 하나님 나라를 미리 맛본 사람들로
하여금 하나님의 은혜로운 긍휼을 살아내도록 하는 것이 아니
라면 칼빈주의는 그저 울리는 꽹과리에 불과하다.

하이델베르크 교리문답의 첫 번째 질문에 주의하지 않는 칼빈주의라면 대꾸할 필요도 없다. "사나 죽으나 당신의 유일한 **위로**는 무엇입니까?" 우리를 기분 좋게 해주고 달콤한 말을 들려주는 신학체계가 필요하다는 말이 아니다. 우리에게는 하나님의 사랑하는 독생자의 형제자매이자 양자된 특별한 백성됨을 드러내지 못하는 칼빈주의는 일고의 가치도 없다는 말이다(골 1:13).

앞에서 말한 것처럼 웨스트민스터 신앙고백이나 요리문답이 우리에게 주는 느낌과 하이델베르크 교리문답이나 벨직 신앙고백이 우리에게 주는 느낌에는 어떤 차이가 있다. 실존적 생명력이 깃든 후자와 같은 "대륙"의 신앙고백은 다소 사변적인 웨스트민스터 신앙고백과는 확실히 다른 방식으로 영혼을 파고든다.

내가 이 두 전통의 차이점에 이렇게 주목하는 것은 웨스트민스터 신앙고백을 폄훼하기 위해서가 아니라 앞서 언급한 개혁주의 전통이 가진 보편성을 말하기 위해서란다. 기회가 있는 대로(지난번에 내가 권했지만 아직 읽어보지 못했다면) 하이델베르크 교리문답과 웨스트민스터 소요리문답을 읽어봐라. 너도 나처럼 그 차이를 느끼는지 알고 싶구나. 감정에 호소하면서 읽지 말고 두 책을 나란히 놓고 비교하면서 읽어봐라. 그러면 너도 둘 사이의 차이를 느낄 수 있을 거다. 그 차이가 무엇일까?

내가 느끼는 차이는 이렇다. 하이델베르크 교리문답은 **사도신경을 하나하나 살피며** 우리가 믿어야 할 복음이 무엇인지를 상술하는 반면, 웨스트민스터 소요리문답에는 사도신경의 내용조차 나와 있지 않다(사도신경을 요리문답에 "첨부"한 판본이 있는 것 같지만 그 내용의 중심에 포함된 것은 아니다). 왜 이런 차이가 생기는 것일까? 글쎄, 지금부터 우리가 이 문제에 대해 좀 살펴봐야 할 것 같구나. 하이델베르크 교리문답은 복음에 대한 간명하고 충실한 요약으로 사도신경을 신뢰하고 그 중심에 포함시켜 이 전통을 선물로 받고 **보편적 교회 속에** 자리매김한다(물론 "거룩한 공회(를)…믿사옵나이다"라고 고백하는 사도신경이 그러함은 더 말할 필요도 없겠지). 이는 우리 자신을 성도들의 교통에 빚을 진 전통의 후예로 여기는 것이며, 우리가 있기 훨씬 전부터 있었고 우리보다 훨씬 더 큰 몸의 일부로("세계 처처에 있는"이라는 고백에서 볼 수 있는 것처럼) 인식하는 것이다. 내 생각에는 웨스트민스터 표준문서에 결여되어 있는 것이 바로 이런 정서인 것 같다.

이런 사실이 중요한 것은 내가 앞서 암시했던 부분을 명확하게 해주기 때문이다. 내가 너무 논쟁적이지 않게 이 부분을 잘 설명할 수 있으면 좋겠구나. 인내를 가지고 읽어주길 바란다.

이렇게 한번 생각해보자. 네가 듣고 있는 "칼빈주의" 라디오 프로그램, 네가 읽는 책들, 네가 어울리는 "젊은 칼빈주의자"들을 "웨스트민스터" 칼빈주의자들이라고 해보자. 뭐가 잘못되었다는 게 아니다.☺ 그저 그것이 특정한 것을 강조하고 그것에만 애착을 갖는 개혁주의 전통 속의 한 흐름이란 점을 이야기하고 싶어서 그런 거다. 어쨌든 그 흐름은 복음에 대한 개혁주의적 이해들 중 하나일 뿐이다. 이런 흐름은 루터나 칼빈(어거스틴은 말할 것도 없고)에게 중심적이었던 **교회에 대한 강조**를 놓치고 있다. 혹은 우리가 논의하고 있던 용어로 표현하자면, 웨스트민스터 신앙고백의 이런 경향은 개혁주의 전통이 가진 **보편성**(공교회성)을 약화시키고 있다고 할 수 있다. 그래서 그 흐름이 말하는 "칼빈주의"는 구원론으로 축소되고 단순화되어 어느 교단(그리고 독립 교단)에든 상관없이 대부분 적용될 수 있게 되어 앞서 언급한 신기한 일들이 일어나게 되는 것이다. 오늘날 남침례 신학교가 칼빈주의의 중심지로 대두될 수 있는 것도 바로 이 때문이지.

"칼빈주의"라고 할 때 그것이 단지 ("선택받은") 개인의 영혼 구원에 초점을 맞춘 칼빈주의 5대 강령(TULIP)으로 이루어진 구원론만을 말하는 것이라면 침례교 신자들이 이런 구원론적 입장을 취한다 해도 전혀 이상할 것이 없다. 심지어 전혀 놀랍지도 않다. 우리가 보기에 성경에 그려져 있는 (분명 난해한) 그림을 가장 조리 있게 설명하고 있는 것이 바로 이것이기 때문이다. 그러나 개혁주의 전통이란 구원론으로만 국한되지 않는다. 종교개혁은 오직 구원 교리와 관련해 일어난 것이 아니기 때문이다.

칼빈을 예로 들어보자. 칼빈에게 종교개혁은 개인의 구원에 관한 교리만을 개혁하는 것이 아니었다. 그것은 또한 하나의 기관과 몸으로서의 교회를 개혁하는 것이기도 했다. 이런 측면에서 칼빈은 교회 예배를 개혁하는 일에 관심을 기울였던 것이다. 성경이 말하는 제자도가 위험에 처한 것으로 보았기 때문이다. 당시는 칼빈과 종교개혁자들이 교회의 **구조**에 대해서 그리고 회중 사이의 관계에 대해서 심각하게 우려하지 않을 수 없는 상황이었다. 오늘날 침례교와 다른 독립 교단에서 볼 수 있는 "자율적인" 회중 같은 것을 칼빈은 상상할 수도 없었다. 그가 가졌던 제네바 신자들의 삶에 대한 그의 목회적 관심의 결과로 칼빈은 생애 말기에 감독의 지도를 받는 구조의 필요성을 확증하기에 이르렀다(1543년 판 『기독교 강요』에서 볼 수 있는 것처럼). 아무리 축소해서 이야기를 하더라도 종교개혁이 가져온 결과 중 하나는 교회 정치(교회 조직)였다. 이는 칼빈이 종교개혁에 두었던 강조점에서 비롯된 것이었다. 이처럼 종교개혁 전통에서는 **교회가 중요**했다. 구체적으로 말해서 어떤 교회를 만들고 **어떻게** 교회를 섬기느냐 하는 것, 하나님을 어떻게 **예배하느냐** 하는 것이 중요한 문제였던 것이다.

한 걸음 더 나아가 칼빈은 개인은 물론 교회에 복음이 적용될 때 복음은 그 교회가 자리한 사회의 개혁으로까지 이어진다고 보았다. 주님이 만물의 주인이라면 그리스도의 주권은 모든

"만물"에 미친다(골 1:15-20). 흥미롭게도 칼빈에게 있던 그리스도의 주권에 대한 이런 신앙은 신정체제로까지 나아가지는 않는다. 실제로 칼빈이 제네바에서 이룬 변혁들은 [최근에 존 비터가 그의 책 『권리의 종교개혁』(*The Reformation of Rights*)에서 말하는 것처럼] 후기 민주주의 역사에 의미심장한 기여를 했다.

　내가 강조하고 싶은 것은 이것이다. 개혁주의 전통은 단순히 칼빈주의 5대 강령에 관한 것이 아니다. 그보다 훨씬 크다. 개혁주의는 개인 구원을 훨씬 넘어서는 것이기 때문이다. 개혁주의 전통은 구원론에만 국한되지 않는다. 이는 곧 교회에 관한 가르침인 교회론으로 이어지고 예배를 중심으로 한 교회의 개혁된 실천으로 귀결된다. 종교개혁자들이 근본적으로 관심을 기울인 것은 복음이 선포되고 그리스도의 제자들이 거룩하게 되는 자리로서의 그리스도의 몸인 교회를 형성하는 것이었다. 그들은 교회 예배를 취향과 선택의 문제로 보지 않았을 뿐 아니라, 교회 조직을 인간이 고안한 것으로 여기지도 않았다. 종교개혁자들이 "은혜 교리"의 열매가 교회 정치와 개혁주의 예배라는 교회적 토양으로부터 벗어나는 것을 상상할 수 없었던 것도 바로 이 때문이다. 종교개혁자들은 오히려 죄와 구속에 대한 이해로부터 자연스럽게 예배의 "타당성"이 도출된다고 보았다.

　그렇다면 어떻게 침례교 신학교가 "칼빈주의"의 온상이 될 수 있었을까? 내 생각엔(물론 네 친구들에게는 이대로 말하지 마라)

개혁주의 전통이 "웨스트민스터화"되는 바람에 소위 "대륙"의 신앙고백에서 볼 수 있는 개혁주의 전통의 보다 큰 그림이 사라져버린 것 같다. 침례교나 독립 교단의 교회들(반신조적·반성례적 태도를 취하곤 하는 교회들)이 자신들이 드리는 예배나 교회 정치와 관계없이 칼빈주의를 받아들일 수 있다고 생각하는 것 역시 미국 교회들이 웨스트민스터식 개혁주의 전통의 영향을 가장 많이 받고 있기 때문일 것이다.

잘난 체하자는 것이 아니라 나 자신이 개혁주의 전통에 몸담아오면서 느낀 것들을 들려주고 싶었을 뿐이다. 그런 구원론이 처음 내 관심을 사로잡았지만, 그 이후로 내가 개혁주의 전통에 헌신하게 된 것은 개혁주의 전통이 가진 **더 큰** 그림(개혁주의 교회론과 그것이 갖는 문화와의 연관성) 때문이었다. 하나님은 선택이라는 미끼를 던지셨는데 내가 그것을 덥석 물자 교회라는 큰 그림으로 나를 끌어들이신 것이지.

잘 지내라.

제이미

Letter 13
하나님의 "사회적" 복음

제시,

내 말은 하나님이 개개인에게 관심이 없다거나 개혁주의 전통
은 "개인 구원"을 중요하게 생각하지 않는다는 뜻이 아니다. 절
대 그렇지 않다. 하나님의 관심은 개인의 영혼 구원을 **넘어선다**
는 것이 하나님이 개인 구원에 관심을 **덜 가지신다는 의미는 아**
니다. 일례로, 내가 축구는 공을 차고 골을 넣는 것을 넘어서 성
품과 덕과 훈련에 관한 것이라고 말했다고 해서 축구가 공을 차
고 골을 넣는 것과는 아무 상관이 없다고 결론을 내리진 않겠지.
이렇게 말해보자. 개혁주의 전통은 애초부터 하나님이 인간을
다루시는 기본 단위가 개개인이 아니라 **백성**이라는 사실을 강
조한다. 성부, 성자, 성령 삼위일체로 일종의 사랑의 공동체를
이루신 하나님은 독자적인 개인의 집합이나 자신만의 공간에서
하나님과 "개인적으로" 관계하는 사회적 "원자들"을 만들기 위
해 세상을 창조하신 것이 아니다. 창조 이래로 하나님이 **한 백성**
을 다루신다는 사실은 사람을 아담과 하와라고 하는 두 인간으

로 창조하신 사실에서 잘 드러난다.

성경에 등장하는 대명사들에 신학 전체가 들었다고 해도 과언은 아니다[청교도들은 "하나님은 부사(副詞)를 좋아하신다"라고 말하곤 했는데 내 생각에는 하나님은 대명사(代名詞)도 좋아하시는 것 같다]. 창조의 말씀을 발하시는 창세기 1:26의 "우리"에서 시작해("우리의 형상대로") 27절의 "그들"("그들을 남자와 여자로 만드시고"), 29절의 "너희"까지("내가 온 지면의 씨 맺는 모든 채소와 씨가진 열매 맺는 모든 나무를 너희에게 주노니"), 하나님의 창조는 온통 복수형 대명사로 가득하다! (게다가 사람은 자기 혼자서는 "생육하고 번성"할 수 없지.) 하나님의 창조적 사랑의 풍성함이 개개인의 집합이 아닌 공동체를 낳은 것이다. 아담과 하와를 일컫는 "그들"은 "생육하고 번성"하는 일을 통해 자신들을 지으신 사회적 창조자의 형상을 드러낸다. 이들이 나누는 사랑의 결실인 가족의 탄생은 하나님이 이루신 창조의 메아리다. 하나님은 자신에게 몰입된 무슨 우주적 은자(隱者) 같은 분이 아닐뿐더러 "예수와 개인적인 관계"를 갖게 하려고 우리를 만드신 것도 아니다. 물론 백성이라고 할 때 거기에는 개인이 "포함"되어 있고 하나님은 한 사람 한 사람의 머리카락까지 세신다는 것도 틀림없다. 우주의 창조주께서 믿기지 않을 정도로 친밀하게 **나를** 돌아보시고 **나를** 사랑하신다는 사실을 부인하는 게 아니다. 그러나 자신의 피조물에 대한 하나님의 관심은 개개인을 모아놓은 것으로 그치지 않는다. 하나님은 **한 백성**을 창조하신다.

하나님은 또한 한 백성을 **구원**하신다. 하나님의 창조는 하나님의 선택을 반영한다. 한 백성을 지으신 것처럼 하나님은 한 백성을 부르신다. 하나님의 선택의 부르심이 아브라함에게 미쳤을 때, 그것은 아브라함에게서 끝나지 않았다. 그것은 아브라함과 그의 백성들을 향한 부르심이었고, 이 부르심으로 온갖 다양한 사람들로 이루어진 거대한 무리가 가나안으로 향하는 광야를 건너가게 할 참이었다. 내가 말하고 싶은 것은 하나님의 "단위"는 언제나 공동체, 한 백성이었다는 것이다. 당연히 하나님은 세상에 복이 될 "위대한 나라", 하나님의 형상을 드러낼 한 백성을 지으시려고 아브라함을 택하신 것이다(창 12:1-5). 하나님의 이런 공동체적 다루심은 창세기 17장에서 구체화되기 시작한다. 하나님이 할례로 아브라함과 맺으신 언약의 표를 삼으시겠다고 선언하시자 아브라함의 "집 사람" 가운데 모든 남자들이 이 약속의 표를 받는다(창 17:23). 그들 중 어느 누구도 "하나님은 아브라함과 언약을 맺었지 나하고 맺은 것은 아니다. 그러니 나하고는 상관이 없다"라고 말하지 않았다. (사실 그들은 그렇게 할 수도 있었다.) 하나님이 "너희"라고 하실 때는 항상 "우리"(복수)를 가리킨다. 애초부터 복음은 사회적이었고 언제나 그래왔다.

하나님이 인간을 대하시는 "공동체적" 성격, 다시 말해

(개인 중심이 아닌) **백성을 중심**으로 하는 하나님의 구원 경륜은 이스라엘의 부르심과 궁극적으로는 하나님의 백성인 교회 (*ekklesia*)로의 부르심을 통해 성경 전반에 드러난다. "너희"라는 말이 신약성경에 얼마나 많이 나오는지 생각해봐라! 개인주의의 천국이 된 현대를 살아가는 우리는 마치 성경에 나오는 무수한 "너희"라는 말이 단수라도 되는 것처럼 **자기 자신**에게 개인적으로 하는 말씀으로 받아들이기 일쑤였다. 하지만 신약성경에서 "너희"는 언제나 복수로 쓰인다. 다시 말하지만 너희는 "**우리**"를 가리킨다. **나 혼자**가 아닌 **우리**! 그렇기 때문에 복음은 선택받은 개인으로서의 내가 아닌 선택받은 **백성으로서의 우리**를 우선적으로 선언한다. 일찍이 하나님이 자신의 백성을 어떻게 다루셨는지를 상기시키는 베드로의 선언이 이런 사실을 잘 담고 있다. "그러나 너희는 택하신 족속이요 왕 같은 제사장들이요 거룩한 나라요 그의 소유가 된 백성이니 이는 너희를 어두운 데서 불러내어 그의 기이한 빛에 들어가게 하신 이의 아름다운 덕을 선포하게 하려 하심이라. 너희가 전에는 백성이 아니더니 이제는 하나님의 백성이요 전에는 긍휼을 얻지 못하였더니 이제는 긍휼을 얻은 자니라"(벧전 2:9-10). "너희"라는 말에 담긴 복수성과 공동체성과 **백성됨**이 보이는지 모르겠구나. 하나님은 개인의 영혼 구원에만 관심이 있으신 것이 아니라, 백성이 아니었던 개인들을 불러 "한 백성"을 만드시고 "나라를 세우는 데" 관심이

있으시다. 한 백성을 이루시는 일이 있기에 영혼을 구원하는 일도 있는 것이다. 그런 하나님께 감사하자.

제이미

추신

이런 관점으로 성경을 보기 시작하면 이전에 보지 못했던 것들이 눈에 들어오기 시작할 거다. 이를테면 바울이 하나님이 그리스도 안에서 유대인과 이방인의 장벽을 허무시고 새로운 족속을 만드셨다고 말하는 대목을 많이 볼 수 있다. 고린도에 있는 그리스도인들에게 쓴 편지에서 바울은 그들이 **이방인이었을 때**를 상기시킨다(고전 12:2). 갈라디아 교인들에게 쓴 편지에서도 마찬가지로 하나님의 백성됨에 있어서 어떻게 복음이 모든 인종적인 장벽을 무너뜨리시는지 강조한다(갈 3:26-29). 마치 하나님이 일종의 "제3의 종족"인 새 백성을 만드시는 것같이 말이다.

애석하게도, 개혁주의 전통은 창조와 하나님 사이의 이런 백성 중심적인 관점을 바르게 강조했으면서도 그것을 제대로 적용하지는 못했다. 미국 남부와 남아프리카 같은 지역에서 개혁주의 전통은 **이방인 중에서조차** 흑인과 백인이라고 하는 잔인하고 부당한 구분을 유지하려고 했다. 이런 점에서 개혁주의 전통이 저지른 이런 죄를 구체적으로 명시하고 고백한 벨하르 신앙고백(Belhar Confession) 같은 개혁주의 신앙고백은 매우 큰 의미를 갖는다. 이 신앙고백을 한번 살펴보기를 바란다. 인터넷에서 쉽게 찾아볼 수 있을 거다.

Letter 14
신실하신 우리 하나님

제시,

네가 제대로 맞췄다! 은연중에 이 주제로 들어가려고 했는데 들켜버렸구나. 그래, 네 말대로 지난번 편지에서 내가 말한 "백성 중심"의 이해는 개혁주의 전통이 강조하는 성경의 중심 주제 가운데 하나인 **언약**으로 나아가기 위한 것이었다. 간단히 말하면 지난번 편지는 언약신학에 대한 짤막한 도입이라고 할 수 있지.

어쨌든 네가 이미 언약신학에 대해 들어봤다니 다행이다. "칼빈주의자"나 "개혁주의 신자"라고 자처하면서 『레프트 비하인드』류의 종말론(마지막 때에 되어질 일들에 대한 교리)에나 등장하는 휴거를 주장하는 사람들을 볼 때마다 굉장히 당혹스럽다. 『레프트 비하인드』가 말하는 종말론은 개혁주의와 전혀 상관이 없는 토양에서 생겨난 것이다. 이 사상의 많은 부분이 지난번 편지에서 말했던 예수와 나라고 하는 개인주의적 구원 이해에서 비롯되었기 때문이다. 바꾸어 말하면, 창조 이래로 심지어 타락에도 불구하고 하나님은 **한**(one) 백성을 부르시고 자기 백성 삼으셨다는 사실을 이들은 보지 못하고 있는 것이다.

언약에 신실하신 하나님에 대한 이런 이해는 미래나 "마지막 때"와 관련된 것이 아니다. 언약신학이 세대주의와 상반된다는 점에 대해 이미 암시한 바도 있으니 지금은 마지막 때에 일어날 일들의 시나리오 같은 것은 여기서 논하지 않겠다[이와 관련해서는 베른 포이쓰레스가 쓴 『세대주의 이해』(*Understanding Dispensationalists*, 총신대출판국 역간)를 읽어보렴]. 언약신학의 중요성은 "휴거"나 천년왕국에 대한 이해에 있지 않다. 언약신학은 어떻게 미래가 **현재**에 대한 우리의 이해를 형성하는지에 관한 것이다. 좀 더 구체적으로 말하면, 언약이 어떻게 성경 전반에 흐르는 하나님의 신실하심을 이해하게 만들며, 그 나라의 백성을 중심으로 펼쳐지는 하나님의 창조와 구속 역사의 본질을 이해하도록 준비시키는지에 언약신학의 의의가 있단다.

나보다 개혁주의 언약신학의 근간을 훨씬 더 잘 풀어놓은 사람들이 있다[마이클 호튼의 『언약신학』(*Introducing Covenant Theology*, 부흥과개혁사 역간) 같은 책이 대표적이다]. 여기서는 지난번에 살펴본 것들을 다시 한 번 확인하고 넘어가려고 한다. 긍휼에 풍성한 하나님은 은혜로 한 **백성**을 구원하시고 그분 자신을 "우리"에게 동여매신다. 우리에게 약속을 주시며 그 약속에 반응하도록 우리를 부르시고 은혜 위에 은혜를 더하시는 그분은 우리가 그 약속을 지키지 못할 때조차도 자신의 약속을 신실하게 지키신다! 모든 언약을 통해 우리가 하나님께 보여드린 것이라고는 우리는 언제나 언약을 지키지 못한다는 것과 음란한 고멜같이 우리 눈과 마음은 하나님이 아닌 다른 것을 찾아 헤맨다는 사실이다(호 1:2-2:1). 그러나 하나님은 모든 약속을 끝낼 새로운 약속을 주시는데 언약의 조건들을 명시하고 요구하실 뿐 아니라, 그것들을 지킬 수 있는 **능력**을 주시겠다고 다짐하신다(렘 31장). 이것이 바로 육신을 입으신 하나님이 언약을 인치시기 위해 우리 같은 소망 없는 자들과 더불어 행하셨던 최후의 만찬 때 보여주신 새 언약의 실체다. 이제 우리는 언약에 대한 우리의 무능력과 완고함을 포함한 언약의 모든 짐을 그분이 친히 담당하신 것을 깨닫는다. "그의 피"로 맺으신 언약인 성찬의 잔은, 참 하나님으로서 언약의 모든 의미를 분명히 보이시고 참 인간으로서(둘째 아담) 그 언약을 신실하게 지킨 하나님이자 인간이신 그분 안에서 언약이 절정에 이르렀다는 사실을 상기시키고 앞으로 소망하게 만든다(눅 22:20). 언약을 성취하고 승천하신 하나님의 아들은 우리에게 당신의 성령을 주셔서 언약 백성의 일원으로 우리를 인치시고 이 언약을 지킬 수 있는 능력을 주시는 것이다(롬 8:1-5).

이런 이해를 통해 우리는 성경을, 하나님과 개인 사이의 일련의 관계로 혹은 하나님이 계속해서 원칙을 바꾸는 것 같은 서로 상관없는 여러 세대의 이야기들을 모아 놓은 것으로 보는 대신에, 수많은 행위와 각 장들을 통해 점진적으로 펼쳐지는 하나의 드라마로 보게 된다. 이 이야기의 기본적인 윤곽은 단순하고 일정하다. 우주의 창조주께서 피조물들을 위한 기준과 모범을 세우시고 ("율법의") 순종을 요구하신다. 첫 피조물의 불순종에도 불구하고 창조주는 그 세우신 것들을 없이하지 않으신다. 오히려 계속해서 인간들을 이 기준으로 부르시지. 동시에 그들의 불순종에 대한 은혜로운 대책을 마련하시면서 말이다. 하지만 이 부르심은 여전히 동일하다. 하나님의 형상을 따라 지어진 인간들은 하나님의 대사로서, 창조된 세계를 대리 통치하는 자로서, 창조세계에 담긴 모든 것들을 끊임없이 밝혀내고 펼쳐 보임으로써 하나님의 형상을 나타내도록 부름받았다. 또한 하나님은 자신의 기준과 모범에 따라 "하나님의 은혜의 영광을 찬양하는" 하나님의 피조물이 최종적인 만개를 위해 그 일을 **잘** 해내도록 우리를 부르신다(엡 1:6). 언약의 핵심은 동일하다. 그러나 불행하게도 마리아를 통해 오신 아들이 우리를 대신해 이 부르심을 온전히 살아내어 우리가 은혜로 이 언약을 살아낼 수 있도록 하시기까지 언약에 대한 우리의 불성실함 역시 끊임없이 계속된다.

언약신학은 하나님은 언제나 한 백성을 "자기 백성으로"(딛 2:14) 창조하시고 부르신다는 사실을 보여줌으로써 그분의 백성들에게 연속성이 있음을 강조한다. 종교개혁자들과 청교도들이 구약성경에서 "교회"를 언급한 것은 바로 하나님의 **부르심을 입은** 사람들이 시간을 관통하여 한 백성을 이룬다는 사실을 시간을 거스르는 방식으로 간명하게 강조한 것이다. 이것이 왜 그렇게 중요할까? 한 가지 이유만 생각해보자. 성경을 이런 식으로 읽으면 구약성경이 다시 살아서 다가온다! 개혁주의 예배에서 구약성경을 설교하는 것이 중요한 이유도 바로 이 때문이다. 그리고 내가 강조해온 것처럼 종교개혁자들은 예배를 제자도의 중심으로 보았다.

조금 장황해진 것 같구나. 나는 네가 더 넓은 개혁주의 전통이 가진 또 다른 측면에서 "언약" 개념을 발견하고 그것이 어떻게 기독교 신앙에 대한 우리의 이해를 변혁시키는지 깨닫게 되길 바란다. 이는 성경에서 자명하게 드러내는 주제일 뿐 아니라, 일단 이 사실을 깨닫고 나면 성경을 전혀 새로운 눈으로 볼 수 있게 된다. 무엇보다도 약속을 지키시는 신실하신 하나님의 은혜로운 낮아지심을 깨닫는 데 도움이 된다.

항상 고맙다.

제이미

제시에게

4955 El Segundo Blvd.

Hawthorne, CA 90250, USA

암스테르담에서 보낸 엽서

제시,

오랫동안 연락 못해서 미안하다. 아브라함 카이퍼가 설립한 암스테르담의 자유 대학교에서 열린 '신학과 정치에 관한 세미나'에 참석하느라 아직 여기 암스테르담에 머물고 있었다. 내 경우에는 이 자유 대학교를 R. C. 스프라울이 쓴 『형제를 지키는 자』(The Brother's Keeper)라는 소설을 통해 처음 들었다. (그래, 너도 그 소설 읽었지. 그가 썼던 단 한 권의 소설이 내게 얼마나 많은 것을 가르쳐주었는지를 생각하면 조금 두렵기까지 하다.) 어쨌든, 잠깐이지만 네덜란드 개혁주의 전통의 학교에 머무는 것이 여간 즐거운 게 아니다. 물론 19세기에 카이퍼가 꿈꾸던 학교는 더 이상 아니지만, 한 사람으로 하여금 신학교가 아닌 대학교를 설립하도록 동기를 부여해준 칼빈주의란 도대체 어떤 것이었을까 하는 생각이 든다.

또 보자.

제이미

Letter 15
사랑으로 택함을 받다

제시,

네가 지금 겪고 있는 어려움이 어떤 건지 잘 안다. 네게 그런 어려움이 조만간 생길 줄 예상은 했다. 네가 말한 대로 개혁주의 전통에 대해 공부를 하면 할수록 지금 네가 몸담고 있는 "교회"에 대한 불만이 더해갈 거다. 나 역시 그랬고 지금도 그런 문제들과 씨름하고 있다.

구체적인 얘기를 하기 전에 한 가지 미리 말해둘 게 있다. 정말 중대한 문제다. 지금 너와 함께하고 있는 회중이 믿고 있는 "교리"에 대해 네가 어떻게 생각하든지 내가 알고 있고 목도해 왔던 것들을 꼭 기억해두라는 거다. 그들은 지금까지 너에게 예수님의 손과 발이었다. 비록 네가 듣고 싶은 것(그리고 내가 중요하다고 생각하는 것)을 가르치지 않는다고 해도 그들은 지금까지 주권적인 하나님의 은혜로운 궁휼을 **살아내고** 있다. 그들은 너를 받아들였을 뿐 아니라 너의 모든 단점들과 거들먹거리는 네 모습 뒤에 감춰진 상한 마음까지도 기꺼이 용납해주었고 신실하고 긍휼이 많으신 성부 하나님의 사랑을 네게 보여주었다. 네가 교회라고 부르는 회중은 지난 수 년 동안 네가 하나님의 "효과적인 부르심"을 듣는 통로였다. 신학과 교리에 대한 관심이 더해간다고 해서 네가 **사랑으로** 하나님의 나라에 들어가게 된 것을 잊어서는 안 된다. 하나님의 사랑을 차갑고 지적으로만 세세히 이해하려고 하지 마라. 오히려 그동안 교회를 통해 내가 받은 이런 사랑이야말로 우리를 은혜로 택정하시는 하나님의 마음에 더 가깝다.

그렇기 때문에 은혜의 교리에 대해 잘 알게 되었다고 자긍해하며 주변의 형제자매들에 대해 우월감을 갖기 전에 그들의 사랑으로 이런 것들을 깨닫고 이해할 수 있는 믿음에까지 자라게 된 것을 감사해라. 교회가 너를 환대하고 아껴주었기에 그런 일이 가능했음을 말이다. (기억해라. 칼빈주의자들만 선택받은 것이 아니다! 감사하게도 우리가 선택받은 것은 선택과 예정의 교리를 알기 때문이 아니란다.)

네가 아직 그렇게 하지도 않았는데 이미 그렇게 한 것처럼 말해서 미안하다. 이미 말했던 것처럼, 젊은 시절 내가 그랬기 때문에 사실은 나 자신에게 하는 말이다. 내가 사랑으로 선택받은 사람이기를 바라는 내 마음을 그렇게 표현한 것이라고 생각해라.

부디 내 진심을 이해해주었으면 한다. 사랑한다. 그리고 네

가 몸담고 있는 교회 지체들 역시 너에 대해 같은 마음이라는 사
실을 절대 잊지 말길 바란다.

　평강을 빈다.

제이미

Letter 16
교회는 중요하다

제시,

미안! 그래, 지난번에는 정작 너의 질문에 답을 하지 못했다. 지난번 편지에서 내가 주의하라고 했던 것을(내 충고를 의도했던 대로 받아주어서 고맙다!) 다시 생각해보자. 다행히 언약에 대한 우리의 최근 논의가 교회와 관련하여 무엇이 중요한지에 대한 대략적인 틀을 잡는 데 도움이 된다.

첫째, 네가 질문한 방식이긴 하지만 이 문제를 "칼빈주의를 가르치는" 교회를 찾는 문제로 접근하지 않는 게 좋겠다. 그렇다고 아르미니우스주의를 주창하는 교회를 다니라는 말은 아니다. 교회를 단지 가르침과 결부시키지 말라는 얘기다. 교회는 강의실이 아니다. 네가 교회의 가르침에만 몰두하는 것이 종교개혁 전통의 핵심적인 교회 이해와 상치되는 편협한 "교회" 이해를 반영하는 것 같아 조심스럽다. 잘 들어봐라.

이런 문제들에 접근할 때는 먼저 미국 복음주의가 가진 특징과 우리가 가진 배경을 인식할 필요가 있다. 너와 나는 "예배"

를 음악으로 축소시키는 경향이 있는 은사주의적인 복음주의에서 자랐다. 이런 분위기에서는 찬양이 끝나면 예배도 끝난 것이고 이어지는 설교를 "가르침" 정도로 간주한다. 스스로를 칼빈주의 혹은 개혁주의로 여기는 특정 교단에 소속하지 않은 교회나 많은 침례교회들은 여전히 이런 이해를 기본적으로 가지고 있다. 반면에 복음주의 교회에 속하면서 개혁주의 신학에 관심이 많은 사람들은 칼빈주의 사상과 교리에만 집착해 예배당을 선택 같은 난해한 주제들을 상세하게 설명하는 강의실로 만들어버리곤 한다. 하지만 이 역시 예배를 오해한 것이다.

개혁주의 전통에서 예배란 예배 전체를 의미한다. 시를 노래하고 찬송을 부르는 것이 예배의 중요한 부분이기는 하지만 이 역시 기독교 예배를 구성하는 전체 드라마의 일부분일 뿐이다. 마찬가지로 설교가 중요하기는 해도 설교 또한 예배라는 드라마를 구성하는 한 부분이다. 언약이라는 드라마를 재연하는 것이 기독교 예배라는 확신에서 비롯된 구체적인 "논리"가 예배 전체를 형성한다. 마이클 호튼은 자신의 책 『더 나은 길』 (*A Better Way*)에서 기독교 예배를 "언약 갱신 의식"으로 잘 설명한다. 예배는 하나님이 역사하는 자리이며 우리의 구속주와 언약의 하나님께 감사와 찬양을 드리는 시간일 뿐 아니라, 경외감으로 가득 찬 고백과 대화로 하나님을 만나는 시간이다. 예배는 매주 우리를 하나님의 구속 역사의 이야기 속으로 초대한다. 예배라는 드라마 전체는 매주 이 구속 이야기를 **재연**하고 그 이야기 속에 우리가 자리 잡도록 초청하는 것이다. 호튼은 이를 자신의 책 『언약과 종말론』(*Covenant and Eschatology*, 크리스찬출판사 역간)에서 다음과 같이 뛰어나게 묘사한다. "구속 역사 전반을 통해 발전한 구체적인 방식으로서의 '언약'은 오직 하나님의 백성의 문화다.…이 구속사적 드라마는 이 드라마가 자기만의 제의적 '문화'를 형성한 것과 똑같은 방식으로 신자들을 그 드라마 속으로 융화시킨다." 예배를 통해 우리 안에 하나님의 백성으로의 문화적 변용이 일어나고 여기서 우리는 도래하는 하나님 나라의 언어를 배운다.

내가 가장 좋아하는 예배 순서를 가지고 예를 들어보마. 개혁주의 예배에서 부모가 어린아이를 세례를 받도록 데리고 나오는 것은 자녀의 구원을 담보하기 위한 미신적인 행위가 아니다. 오히려 그것은 앞에서 우리가 강조했듯이 하나님의 구원 경륜에서 모든 2인칭 대명사가 "너희"라는 복수를 가리키며 하나님이 한 **백성**과 더불어 일하신다는 것을 상징한다. 즉 세례를 통해 그 자녀가 언약의 자녀라는 표를 받는 것이다. 하나님의 선택의 은혜라는 놀라운 특정성을 생각하면 언약의 가정에 태어나는 것 자체가 은혜다. 또한 부모들이 자녀가 세례를 받도록 데리고 나오는 것은 바로 이 은혜의 첫 번째 표지요, 하나님의 도우심이 절실함을 인식하는 것이다. 그렇게 부모는 그 자녀를 믿음으로 양육해 언약 공동체의 일원으로 키워 이 세례를 "완성"시킬 것을 약속한다. 하지만 내가 가장 좋아하는 부분은 전체 회중이 일어서는 세례 예식의 가장 마지막 부분이다. 부모들이 자녀를 데리고 나오면 목사는 회중에게 이렇게 묻는다. "하나님의 백성인 여러분은 사랑으로 이 자녀들을 받고, 그들을 위해 기도하고, 믿음으로 양육하도록 돕고, 신자로서 서로 교통하는 가운데 그들을 격려하도록 붙들어주겠습니까?" 이 물음에 우리는 한 백성으로 이렇게 답한다. "그렇게 하겠습니다. 하나님이여 우리를 도우소서." 개혁주의 예배는 자녀를 키우는 평범하지만 중요한 이 일이 **우리 스스로는 할 수 없는 일**이라는 사실을 절실히 깨닫게 해준다. 그 일은 하나님의 특정한 백성으로 구성된 "마을"이 함께해야 할 일인 것이다. 이 의식을 통해 우리는 하나님이 우리를 돕는 한 우리 역시 도움이 될 수 있음을 깨닫게 된다. 이처럼 예배의 이런 의식들은 우리에게 많은 것을 말해주고 또 보여준다.

개혁주의 전통이 예배를 말씀**과** 성례의 문제로 강조해온 이유가 바로 여기 있다. 예배는 설교되는 말씀을 통해 단순히 "지식"을 얻기 위한 것이 아니라, 우리의 신실한 하나님과의 언약에 새롭게 참여하는 의식이다. 예배로의 초청과 인사, 고백과 사죄의 확신, 율법의 선포와 신앙고백, 교회와 세상을 위한 목회적 기도, 설교, 성찬, 심지어 헌금, 파송, 축도 등이 말이다. 개혁주의 예배의 이 **모든** 요소는 우리가 "하나님의 한 백성"으로 부름 받은 것이 무엇인지를 보여준다. 이런 의미에서 예배는 하나님께 드려야 할 의무일 뿐 아니라 **훈련**이기도 하다. 우리의 거룩을 위해 하나님이 제공하시는 훈련과 성장의 방편이란 뜻이다. 예배는 찬양과 사모함을 하나님께 드리는 것일 뿐 아니라 우리의 습관과 갈망을 형성한다. 바르게 질서 잡힌 예배는 우리의 제자도와 성화의 핵심이다.

이처럼 예배는 그저 믿음을 "표현하거나" 하나님의 구속 행위를 그저 "설명하는" 문제가 아니다. 예배 중에 실제로 무언가 **일어난다.** 성령이 거기 계신다! 예배 중에 변화되는 역사가 일어난다. 이를테면 하이델베르크 교리문답은 성찬이 "상징"에 불과하거나 시각적 효과를 위한 "퍼포먼스"가 아니라는 사실을 분명히 한다. 오히려 성찬은 신자를 붙잡아주고 자라게 하는 방편이다. 하이델베르크 교리문답은 이를 이렇게 말한다.

"그리스도의 몸과 피의 상징으로 내게 주어진 주님의 떡과 잔을 집례자로부터 받아서 입으로 맛보는 것이 분명하듯이, 주님께서도 십자가에 달리신 몸과 흘리신 피로 영생에 들어가도록 내 영혼을 **새롭게** 하시며 **자라게** 하시는 것이 분명합니다"(제75문답).

새로워지고 성장할 수 있는 좋은 기회를 마다할 사람이 누가 있을까? 이것이 바로 **칼빈과 마찬가지로**, 최근에 마이클 호튼이나 케이스 매티슨 같은 사람들이 성만찬이 공예배로 모이는 기독교 예배의 한 부분으로 매주 집례되어야 한다고 주장하는 이유다. 나도 그렇게 생각한다.

네가 교회에 대해 생각할 때 관심을 가져야 할 것이 바로 이런 것들이다. 강단에서 선택과 예정에 대해 이야기하는 횟수나 조나단 에드워즈를 얼마나 자주 인용하는가 하는 것으로 교회를 평가하거나 판단해서는 안 된다. 그런 기준에서 "높은 점수"를 받는 회중이라 하더라도 참된 **개혁주의적 예배**를 드리지 않을 수 있기 때문이다.

한 가지만 덧붙이자. 내가 이렇게 말하는 것은 지금 있는 회중을 떠나라는 말이 아니다. 한 교회를 떠나는 것은 가볍게 결정해서는 안 되는 매우 중요한 문제다. 내가 교회에서 이 같은 문제로 씨름해야 한다면 성령 안에서 진지하게 고민한 다음에 결론을 내려야 한다. 결코 서둘러서는 안 된다.

그리스도 안에서.

제이미

추신

마이클 호튼은 『더 나은 길』의 9장에서 "우리가 드리는 예배는 어때야 하는가?"라는 물음에 아주 유익한 답을 준다. 여기서 그는 개혁주의 예배가 갖는 근본적인 "요소"에 대해 논한다. 내가 쓴 『하나님 나라를 갈망함』(*Desiring the Kingdom*) 5장에서 말했던 예배의 핵심 요소를 기억하니? 앞에서 말했던 것처럼 나는 예배의 이런 모든 요소들이 매우 중요하다고 믿는다. 네가 몸담고 있는 교회의 예배를 평가하고자 할 때는 이런 요소들이 예배에 있는지 잘 살펴보길 바란다.

Letter 17
너무 개혁주의적이라고?

제시,

그건 누구나 당하는 시험이다. 나도 그런 시험에 빠진 적이 있어서 그게 무엇인지 잘 안다. 하지만 한 발짝 물러나 네가 지금 무슨 말을 하고 있는지 잘 생각해봐라. 너는 마치 어느 교회도 맞지 않을 만큼 네가 "너무 개혁주의적"이라고 생각하는 모양이구나! 이 얼마나 비개혁주의적인 태도냐! 개혁주의 전통은 우리로 값없이 받는 하나님의 은혜만을 전적으로 의지하도록 함은 물론, 우리 자신의 개인적인 허물과 단점들—어떤 방식으로도 우리는 하나님의 거룩에 결코 미치지 못한다—을 더욱 깨닫게 한다. "개혁주의"라는 미명하에 우리에게 맞는 좋은 교회가 어디에도 없다고 결론 내리는 것만큼 이상한 일이 또 어디 있을까? 칼빈주의자라고 하면서 정작 칼빈이 가장 소중히 여겼던 **그 교회**—추상적이며 천상적이며 이상적인 교회가 아니라 칼빈이 알았고 가장 사랑했던 회중들인 **제네바 교회**—를 부정하고 있으니 말이다.

이것은 순수함의 문제가 아니다(교회가 순수한 곳이라면 우리 같은 사람들은 발도 들이지 못할 거다), 이건 신실함의 문제다. 교회를 비판하지 말아야 한다는 말이 아니다. 교회가 기대에 미치지 못한다고 해서 그것이 곧 개혁주의라는 이름으로 개인주의적인 영성을 따라 교회를 반대하는 것이 정당한 이유가 될 수 없다는 말이다.

정말 속이 상한다.

제이미

제시에게

4955 El Segundo Blvd.

Hawthorne, CA 90250, USA

서울에서 보낸 엽서

제시,

아마 이 엽서가 네가 받은 우편물 가운데 서울에서 온 우편물로는 처음이지 싶다! 어쨌든 서울에 있는 장로교 신학교에서 보내는 이 엽서를 통해 개혁주의 전통이 백인들의 전유물이 아니라는 사실을 깨달았으면 한다. 너에게는 새삼스런 일이 아니겠지. (사실 나는 지금까지 멕시코인 칼빈주의자들을 많이 만나지는 못했지만!) 이곳 아시아에 머물면서 느낀 건 개혁주의 전통 하면 흔히 암스테르담이나 필라델피아나 그랜드 래피즈를 중심으로 한 개혁주의 전통을 떠올리지만, 사실 하나님이 지으신 세상에서 가장 역동적인 개혁주의의 중심지들이 한국과 일본, 브라질과 쿠바, 가나와 인도네시아 같은 곳에 있다는 것이다. 칼빈주의라고 당연히 유럽의 산물인 것만은 아니다. 물론 시작은 제네바에서 했지만 궁극적인 원천과 기원은 세상 구석구석을 지으신 창조주이시다.

주께서 복 주시길 빈다.

제이미

Letter 18
사변적인 질문을 일삼는 것에 대해

제시,

최근에 멀리 운전할 일이 있어서 네가 전에 보내주었던 강의 CD 몇 장을 가는 길에 들었다. 그 강의들을 다 들은 후 네가 호감을 갖고 있다는 "새로운 칼빈주의자"라는 사람들은 뭐가 그렇게 못마땅한 게 많을까 하는 좀 삐딱한 생각이 들었다.

네가 그렇지 않다는 게 감사할 따름이다(몇 달 전에 있었던 일을 제외하고). 하지만 솔직히 네가 나한테 준 강의 CD들은 좀 짜증스러웠다. 이 사람들은 어찌된 게 우리 시대의 우상들을 비판하기보다 다른 그리스도인들을 비난하는 데 더 많은 시간을 할애하는 것 같더구나. 은사주의를 자본주의보다 우리 영혼에 더 해로운 것으로 본다든지, 윌로우크릭 교회를 국수주의의 유혹보다 더 큰 위협으로 여기는 것 같았다. 다른 그리스도인들에게서 발견되는 "아르미니우스적인" 오류에 근시안적으로 몰입하느라 처처에 만연한 부정의로 점철된 악마적인 구조는 간과하고 있더구나. 내 생각에는 이런 사람들은 존 버니언의 『천로역정』(*Pilgrim's*

Progress)을 읽고 "허영의 시장"에 도사린 교활한 유혹에 대한 교훈을 얻을 필요가 있을 것 같다. 제자도에서 지금 우리가 당면한 가장 심각한 문제가 제한 속죄를 부정하는 것이라는 말에는 동의할 수 없다. 나는 그보다 월마트를 더 걱정해야 한다고 본다.

또 나는 우리를 앞서 걸어간 신앙의 거인들조차 두려워 떨었던 신비들을 이리저리 멋대로 난도질할 만큼 학문적으로 탁월하고 순수한 체계를 가진 것처럼 말하는 그들의 자긍심과 자신들의 신학적 추론들에 대한 그들의 주관적인 맹신에도 짜증이 난다. (이와 관련해 어거스틴이 『고백론』에서 인용한 우스갯소리가 생각난다. 그는 "하나님은 천지를 지으시기 전에 무엇을 하셨습니까?"라는 질문에 "그런 질문을 하는 사람들을 위해 지옥을 준비하고 계셨다"라고 답변했지.) 성경은 무슨 체계를 세우기 위한 전제들을 자재처럼 쌓아놓은 창고가 아니다. 성경은 실제로 있었던 이야기들이고 하나님의 구속 역사가 펼쳐지는 드라마다. 하지만 칼빈주의라는 이름으로 오히려 하나님의 말씀의 권위에 스스로를 복종시키지 않는 그들의 설교들에는 성경에 대한 이런 태도를 도무지 찾을 수가 없구나. 오히려 그들은 자신들의 체계에 말씀의 예언적 능력을 억지로 짜 맞추고 길들이고 있다. 이렇게까지 말해 미안하지만 이런 태도들을 도무지 참을 수가 없구나. 그런 식으로 정리하고 분류하기에는 우리의 성육하신 하나님은 너무나 크고 측량하기 어려운 분이시다. 어거스틴이 회중들에게 했던 설교의 한 대목이 떠오른다.

> 우리는 이런 것을 생각지도 못할 뿐 아니라 상상할 수조차 없습니
> 다. 이런 무지는 어떤 주제넘은 지식보다 더 경건하고 신앙적입니
> 다. 우리는 지금 하나님에 대해 말하고 있습니다. 성경은 **그 말씀이**
> **곧 하나님이셨다**고 합니다(요 1:1). 다시 말하지만 우리는 지금 하나
> 님에 대해 말하고 있습니다. 따라서 하나님에 대해서 제대로 알 수
> 없다고 새삼스레 놀랄 필요가 어디 있습니까? 우리가 이해할 수 있
> 는 하나님이라면 이미 하나님이 아닙니다. 경솔하게 하나님에 대한
> 지식을 말하기보다 차라리 우리의 무지함을 고백합시다. 물론 지각
> 으로 하나님을 조금이라도 맛보고 깨닫는 것은 크나큰 복입니다.
> 하지만 그분을 완전히 이해하고 헤아린다는 것은 전혀 불가능합니
> 다(설교 117.5).

만약 칼빈주의가 그리스도 안에 있는 형제자매들의 소위
단순함과 무지함을 비난할 만큼 우리를 교만하게 만드는 체계
에 불과하다면, 너는 어떨는지 몰라도 나는 사랑을 훼손하면서
까지 거만한 신학적 추론을 그럴듯하게 포장해주는 칼빈주의라
는 깃발 아래로 들어갈 마음이 전혀 없다.

존 칼빈도 그랬을 거다. 아직 그의 편지들을 다 읽어보지는
못했지만, 그가 한 후배 신학자에게 남긴 권면이 기억난다.

하나님이 자네에게 주신 뛰어난 은사들이 헛되고 보람 없는 것들에 사용될 뿐 아니라, 해로운 추론들로 손상되는 것 때문에 슬픈 마음을 금할 길이 없다네. 앞으로 헛된 호기심에서 비롯된 열망을 바로 잡지 않으면 심각한 고통을 맛볼 수밖에 없을 거라고 오래전에 해준 경고를 다시금 진지하게 되뇌여야 할 걸세. 아주 해로운 오류로 보이는 것을 끊임없이 탐닉하는 자네를 가차 없이 대하지 않으면 안 될 것 같구먼. 그럴듯한 호기심에 무절제하게 이끌려 탐닉하도록 내버려두느니 차라리 조금 서운하더라도 이 문제는 이렇게 가혹하게 다루는 것이 맞는 것 같네. 이렇게 심하게 질타를 받은 게 다행이라고 생각할 때가 올 거라 믿네. 내가 높이 존경해 마지않는 형제들에게 작별을 고하네. 만약 이 견책이 좀 심하게 여겨진다면 자네를 사랑하기 때문이라고 생각해주게나. 내가 존경해 마지않는 형제여, 잘 있게나[『존 칼빈의 편지』(*The Letters of John Calvin*, p. 129)].

칼빈의 이런 권면은 정말 아름답도록 담대하다. "사변"과 "호기심"에 대한 칼빈의 경고에 귀를 기울여라. 하나님이 말씀하시지 않는 것까지 무분별하고 무책임하게 "체계화"시키려고 안달할 필요가 전혀 없을 만큼 우리에게 주신 하나님의 말씀은 충분하단다.

제이미

추신

그래, 남자들만 교회에서 직분을 받을 수 있다는 너의 말을 듣고 도 저히 그냥 지나갈 수가 없구나. 여성의 직분과 결혼에 대한 내 입장 은 너도 알고 있겠지[주일학교 토론에서 결혼생활에 대한 남녀상보주 의(complementarian) 대 남녀평등주의(egalitarian)의 이해를 가지고 토 론하면서 내 입장을 드러냈었다]. 너한테는 조금 놀랍고 혼란스러울 수도 있겠지만 내가 그런 입장을 갖게 된 것은 오히려 개혁주의 해 석학을 통해서다. 개혁주의 해석학은 창조-타락-구속이라고 하는 역동적인 이야기의 렌즈를 통해 성(性)도 바라본다. 이 창조-타락- 구속이라는 역동성은 **선한** 창조와 더불어 시작해서, 타락으로 인 해 저주가 피조물(인간과 인간이 아닌 것) 모두에 드리운 방식에 주 목하고, 하나님의 구속을 "만물"을 구원하시는 것으로 이해한다(골 1:20). 바꾸어 말하면 구원의 효력을 통해 타락으로 드리운 저주에 서 회복되는 것이다(창 3장). 성탄절 찬송 가사에 있는 것처럼 그리 스도의 구속의 능력은 "타락의 저주가 드리운 곳마다" 미치는데 이 저주는 개인적인 차원에서 끝나지도, 개인의 죄로 한정되지도 않는 다. 타락으로 인한 저주는 창조세계 전체에 드리워 있다(뱀, 땅, 동물 들, 우리의 노동). 심지어 우리가 가진 체계와 기관들도 마찬가지다. 그렇기 때문에 구속의 좋은 소식은 이런 모든 영역에까지 다다라야 한다. 암 연구, 친환경 농업, 문맹 퇴치 같은 일들이 타락의 저주를 없애려는 여러 시도가 될 수 있는 것도 바로 이 때문이다.

여성들이 복종해야 하는 것은 타락과 관계된 것이지 창조와 관계된 것이 아니다(창 3:16을 봐라). 복음 선포가 피조물의 이런 어그러진 모습들과 충돌하고 타락으로 인한 저주를 없이하는 것도 바로 이 때문이다. 노예제도가 얼마나 끔찍하고 불의한 것인지 깨닫는 데 많은 시간이 걸린 것처럼 여성의 복종에 대한 그릇된 이해를 바로잡는 데도 상당한 시간이 걸렸다. 반면에 여성에 대한 예수님과 바울의 태도는 당시의 문화적 기준에서는 엄청난 충격이었다. 이런 점에서 보면 그 이후로 많은 시간이 흘렀는데도 불구하고 여성의 직분 문제에서의 구속의 효력은 이제 겨우 "시작" 단계다.

몇 마디 말로 이 문제에 대해 네가 납득했을 거라고는 보지 않는다! 하지만 개혁주의 진영을 떠난 자유주의자가 아니더라도 성경과 구원에 대한 개혁주의적인 이해를 통해서 이런 결론에 도달할 수 있다는 사실을 네가 알았으면 한다.

Letter 19
넓은 시야를 가진 칼빈주의

제시,

뭐라고? "칼빈주의자"가 된다는 것이 꼭 "개혁주의자"가 된다는 말은 아닌 것 같다고? 네가 정말 그렇게 생각한다면 이제 그만 하산할 때가 된 것 같다. ☺

　네 말이 맞다. 네가 그렇게 생각한다니 정말 기쁘다. "개혁주의"는 "칼빈주의"로 축소될 수 없을 뿐 아니라, "칼빈주의" 역시 구원론이나 칼빈주의 5대 강령에 몰두하는 것으로 환원될 수 없다. 또 그것이 하나님의 주권이나 선택 같은 어느 한 가지 교리로 대변될 수 있는 것도 아니다. 심지어 하나님의 영광에 관한 교리라 할지라도 말이다. 내가 칼빈주의나 개혁주의 전통을 몇 가지 원리나 교리, 사상으로 "압축"하는 걸 싫어한다는 것을 너도 눈치 챘을 것이다. 나는 종교개혁이―종교개혁 전통이라고도 할 수 있다―교리나 구원뿐 아니라 교회, 예배, 제자도, 심지어 세상과 세상을 위한 문화적 참여에도 적용되는 광범위하고 복합적인 변혁운동이었다는 사실을 강조했다. 칼빈주의는 하나의 축을 가진 바퀴라기보다는 갖가지 꽃들이 만개하기를 바라는 정원사의 보살핌 아래 있는 화원에 가깝다. 칼빈주의는 어떤 근본적인 교리라기보다는 포괄적인 비전이라고 하는 것이 맞다.

나는 네덜란드 칼빈주의의 흐름, 그중에서도 특히 아브라함 카이퍼로부터 칼빈주의에 대한 이런 폭넓고 부요한 이해를 얻게 되었다. 1898년에 프린스턴 신학교의 스톤 강좌에서 카이퍼가 행했던 강연들을 책으로 엮은 『칼빈주의 강연』(*Lecture on Calvinism*, 크리스챤다이제스트 역간)은 네가 꼭 읽어봐야 할 아주 중요한 책이다. "삶의 체계"로서의 칼빈주의에 관한 서론적 강좌에서 그는 특별히 칼빈주의를 교리적 문제, 특히 어떤 특정한 교리로 축소하는 것을 경고한다. 카이퍼는 그 책에서 다음과 같이 명시한다. "이런 의미에서 칼빈주의자란 공개적으로 예정론을 추종하는 사람을 뜻하는 것에 불과하다." 하지만 그가 지적하는 바와 같이 예정론을 열렬히 옹호했던 찰스 하지 같은 사람조차 칼빈주의를 어느 한 가지 교리로 환원하는 것을 거부하면서 "어거스틴주의자"라는 말로 자신을 규정한다(나도 마찬가지다). 그런 의미에서 카이퍼는 강의 내내 칼빈주의를 "복합체", "삶의 체계", "일반적 경향성", "포괄적인 삶의 체계" 등으로 부르며 궁극적으로는 "세계관이자 인생관"이라고 말한다. 그렇기 때문에, 그는 칼빈주의와 정반대되는 것으로 아르미니우스주의를 들지 않고 이슬람, 불교, 현대주의 같은 전혀 다른 포괄적인 삶의 체계를 언급한다. 카이퍼에 따르면 모든 삶의 체계는 "내"가 어떻게 구원받는가 하는 것뿐 아니라, 우리의 삶에 **대한** 그리고 우리의 삶을 **위한** 총체적인 비전을 말하며 궁극적으로는 모든 인간의 삶이 가진 세 가지 "근본적인 관계", 즉 하나님과의 관계, 타인과의 관계(일반적인 인간의 융성), 자연 세계와의 관계에 대한 이해라고 말한다. 카이퍼는 칼빈주의를 하나의 "복합체" 혹은 "삶의 체계"라고 말하며 이 사상을 그 자체로 가히 혁명적인 것으로 여겼다.

칼빈주의는 인간의 사상과 개념에 일대 변혁을 이루었다. 이것이 가진 하나님 앞에서 살아간다는 코람데오(*Coram Deo*) 사상은 하나님의 형상을 따라 지음 받은 **인간**의 존엄성을 드높일 뿐 아니라(민주주의가 비롯된 것도 바로 이 때문이다—제3강), **세상을** 하나님의 피조물로서 연구함으로 자연의 가치를 확인하도록 했다(현대과학의 발흥이 여기서 비롯되었다—제4강). 또한 하나님은 세상의 생명을 붙드시는 가운데 그것에 드리운 저주를 억제하고, 세상에 타락이 계속되는 것을 막으며, 우리 삶이 창조주이신 하나님을 영화롭게 하는 삶으로 계속해서 발전하도록 하신다는 **일반은총**과 구원을 이루는 **특별은총**이 있다는 위대한 원리를 즉시 부각시켰다(강조는 카이퍼의 것이다).

물론 카이퍼의 주장에 모두 동의할 수는 없지만 부(富)에 대한 그의 생각은 옳다고 본다. 그는 칼빈주의의 "진수"가 선택받은 영혼들의 구원에 대한 몇 가지 교리로만 축소되어서는 안 된다고 말한다. 오히려 카이퍼가 네 번째 강좌에서 강조했듯이 "기독교 신앙이 구원론적"이기는 하지만 하나님의 구속 역사의 목적은 개별적인 죄인들의 구원으로 제한되지 않고 신음하고 있는 모든 **만물**이 새롭게 되고 회복되는 구속으로까지(강조는 나의 것이다) 확장된다(롬 8:18-23).

개혁주의 전통이 복합적인 "세계관이자 인생관"을 제공한다는 칼빈주의의 이런 "포괄적인" 이해는 칼빈주의의 중심에 자리한 하나님의 주권에 대한 이해에 힘입은 바가 크다. 인격적인 창조주의 주권에 대한 칼빈주의자들의 이런 강조는 곧 이 창조주가 말씀하고자 하는 것이 있으며, 그것은 창조된 우리 삶의 모든 영역과 관계있다는 것이다. 카이퍼가 암스테르담에 있는 자유 대학교 취임식에서 행한 또 다른 유명한 연설("영역 주권")에서도 말했듯이 "우리 삶의 영역에서 그리스도께서 '내 것'이라고 주장하지 못하실 곳은 한 치도 없다." 이는 그리스도가 우리 영혼의 주인이실 뿐 아니라, 우리의 몸, 가족, 상거래, 여가, 교육의 주인이시라는 말이다. 그분은 학문과 예술의 주인이고, 우리가 말하는 모든 말과 먹고 마시는 모든 것의 주인이시다. 창조세계에서 어느 한구석도 그리스도의 주권 아래 있지 않은 곳이 없고 창조주의 주권과 관련하여 중립적인 "세속적" 삶의 영역이란 것도 없다. 그렇다면 결국 칼빈주의란 만물에 대한 그리스도의 주권을 인식하는 것이라 할 수 있다(골 1:15-20). 칼빈주의가 말하는 하나님은 창세 이전 영원의 얼마간을 영혼의 운명을 작정하는 데 보내신 분이 아니시다. 삼위 하나님은 친히 지으신 피조물과 우리가 풍성해지기를 바라신다. 우리의 "신앙" 영역에서만이 아니라, 우리의 일과 가족과 여가 등의 모든 부분에서 그렇게 되기를 바라신다.

제이미

추신

찰스 콜슨의 『그리스도인, 이제 어떻게 살 것인가』(*How Now Shall We Live?*, 요단출판사 역간)를 함께 공부한 것 기억하지? 카이퍼의 복음주의 버전이라고 할 만한 책이었지. 그때는 우리가 지금같이 "칼빈주의"에 매진하고 있진 않았지. 하지만 삶의 모든 영역에 영향을 미치는 복음에 대한 총체적인 시각이 얼마나 개혁주의 전통에 크게 힘입었는지를 네가 알게 되었길 바란다. 이제는 칼빈주의를 전혀 새로운 시각으로 볼 수 있게 되었겠지. 그리고 네가 지금까지 읽은 "새로운 칼빈주의자"의 책들과 그것을 연관 지을 수 있다면 전혀 새로운 시각으로 그 책들을 이해할 수 있을 거다.

Letter 20
저주가 드리운 곳마다

제시,

종교개혁자들에게서 볼 수 있는 구원의 중심성이나 구원론을 평가절하하거나 가볍게 여기려는 게 아니다. 네가 잘 지적했듯이 루터가 비텐베르크 성당의 정문에 95개조 논제를 내걸었던 건, 학문적 혁명이나 새로운 미학적 전통을 세우려고 했던 게 아니다(정치적 의도가 있었는지는 따로 논의를 해봐야겠지만). 종교개혁이 유럽 전역을 휩쓸 만큼 칭의는 폭발력이 큰 주제였다. 하지만 칼빈주의자인 카이퍼가 바로 이 부분 때문에 자신의 스톤 강좌에서 루터를 다음과 같이 비판했다는 사실이 흥미롭다. "루터의 출발점은 특히 이신칭의의 구원론적 원리였다. 반면 칼빈의 출발점은 보다 포괄적인 하나님의 주권이라고 하는 우주적인 원리였다." 혹은 "칼빈주의와 정치"에 대한 그의 세 번째 강연에서 그가 지적한 것처럼 칼빈주의의 "지배적인 원리는 구원론적 이신칭의가 아니라 눈에 보이는 나라든 그렇지 않은 나라든 가장 포괄적인 의미에서 **모든 나라들의 모든 영역에 드리운 삼위**

하나님의 우주적인 주권이었다"(강조는 카이퍼의 것이다). 이는 창조주 하나님을 아는 지식으로 시작하여, 그리스도 안에 있는 구속자로서의 하나님을 아는 지식으로 나아가는 칼빈의 『기독교 강요』의 구조에서도 확인할 수 있다. 스스로를 "칼빈주의자"라고 하는 많은 사람들이 실제로는 자신들이 "루터교"에 더 가깝다는 사실을 모르고 있는 것 같다.

이전 편지에서 말했듯이 하나님이 구원과 구속에 관심이 없다는 뜻이 아니다. 하나님의 **구속 역사의 범위**는 개인 영혼의 구원보다 훨씬 더 크고 광범위하다는 뜻이다. 그리스도의 구속은 **우주적**이다. 그분의 구속은 우리 영혼뿐 아니라 탄식하는 창조세계의 모든 영역에 역사한다(롬 8:22). 십자가를 통해 하나님은 "**만물**, 곧 땅에 있는 것들이나 하늘에 있는 것들"을 자신과 화목하게 하신 것이다(골 1:20).

달리 말해, 하나님의 구원은 그분의 창조만큼이나 크고 하나님은 구속을 통해 창조의 선함을 다시 한 번 확인해주신다. 카이퍼가 거대하고 광범위하며 복합적이라고 한 칼빈주의는 바로 이 부분에서 북미 복음주의에 만연한 영지주의적 태도와 분명 대비된다. 카이퍼가 잘 지적하고 있듯이 "칼빈주의는 세상을 경멸하거나 이 세상에 있는 것들을 무시하고 평가절하하려는 모든 시도를 단박에 거절한다." 칼빈주의에서 "이 세상에서의 삶은 다시 그 가치를 회복하되 영원과 관련된 일들을 희생시켜서 그렇게 하는 것이 아니라 하나님의 솜씨와 그분의 성품을 드러내는 계시를 통해 그렇게 한다." 이는 내 삶의 여정에서 현대 미국 교회의 개혁주의 전통이 기여한 매우 중요하고 예언자적인 부분으로 하나님이 친히 창조세계가 "매우 좋았더라"고 선포하신 것을 생각나게 한다(창 1:31). 타락이 세상을 왜곡하고 더럽히며 부패하게 만들었다는 것을 부인하는 것이 아니다. 하지만 하나님의 선한 창조세계 전체를 회복하는 것으로서의 **구속**에 대한 좀더 거대하고 폭넓은 개혁주의적 이해를 소성케 한 것이 바로 이 **창조신학**이다. 하나님의 영광은 영혼 구원을 통해서만이 아니라 몸의 구원을 통해서도 드러난다. 몸의 부활이 바로 이것을 말한다. 하나님의 영광은 새 하늘에서뿐 아니라 새 땅에까지 확장된다. 니콜라스 월터스토프가 자신의 중요한 책 『정의와 평화가 입맞출 때까지』(*Until Justice and Peace Embrace*, IVP 역간)에서 칼빈주의를 "세계 형성적인", 좀더 나은 표현으로는 "세계 **재형성적**인" 기독교 신앙으로 말한 것도 이 때문이다. 복음주의적 경건주의에 만연해 있는 세상을 부정하는 영지주의적 경향과는 달리, 세상을 창조해가고 더 낫게 만들어간다는 의미에서 세상을 긍정하고, 타락으로 드리운 저주를 없애며, **샬롬**을 증진하기 위해 힘쓰는 변혁적인 칼빈주의는 천국에서가 아니라, 이 땅에서 천국을 보고자 하는 것이다. 이것이 우리가 드리는 "나라가 임하옵시며…"라는 기도의 핵심인 것이다.

물론 칼빈주의와 개혁주의 전통은 구원에 깊은 관심을 갖는다. 다만 그들의 구원에 대한 비전은 창조세계에 대한 하나님의 긍정만큼이나 크다.

　　　　　　　　　　　　　　　　　　　　　　제이미

추신

최근 학계에서 칭의라는 주제가 크게 논란이 되고 있다는 사실을 말해주고 싶구나. 특히 새로운 칼빈주의자라고 불리는 몇 사람들이 톰 라이트를 통해 구체화된 소위 "바울에 대한 새로운 관점"으로부터 자신들이 믿는 개혁주의 칭의 교리를 변호하기 위해 목소리를 높이고 있다(내가 보기에 칭의에 대한 라이트의 주장은 상당 부분 언약신학과 맥을 같이한다). 이 부분을 지금 자세히 논할 수는 없지만 카이퍼의 말에 비추어보면, 이 주제에 대한 새로운 칼빈주의자들의 주장은 오히려 루터교도의 주장처럼 들리는 것이 사실이다. 이와 관련하여 라이트 자신은 그의 신작 『칭의』(*Justification*, 에클레시아북스 역간 예정)에서 흥미로운 사실을 이렇게 말한다.

　　칼빈에 의하면 모세의 율법은 이미 구속받은 백성들을 위한 삶의 방식으로 주어졌다.…만약 계몽주의 시대로부터 200년 동안 바울과 율법에 대해서 루터교가 아닌 개혁주의의 관점이 성경신학을 지배했다면 바울 신학에 대한 새로운 관점은 필요하지 않았을 뿐 아니라(적어도 지금과 같은 모양은 아니었을 것이다), 지난 100년 동안 이어져온 구원론에 대한 "참여적" 모델과 "법정적" 모델 사이의 첨예한 논쟁 역시 필요하지 않았을 것이다. 칭의를 이해하는 가장 좋은 방법은 "그리스도 안에서"라는 맥락에서임을 많은 건전한 옛 관점의 칼빈주의자들이 천명했다. 만약 그들의 이런 주장이 제대로 수용되었다면 지금 벌어지고 있는 이 둘 사이의 첨예한 논쟁은 불필요했을 것이다.

톰 라이트는 계속해서 하나님과 백성들 간의 언약적 관계와 관련하여 우리가 앞에서 논의했던 것을 이야기한다. "칼빈과 그를 따르는 사람들을 보면 하나님의 단일한 계획과, 하나님의 마음이 변하지 않으심이 크게 강조되는 것을 알 수 있다. 하나님이 자신의 백성들이 율법을 통해 스스로 구원할 수 있는지 보려고 율법을 주셨다가 여의치 않자 성육신과 십자가와 '이신칭의'라고 하는 두 번째 계획을 따르기로 한 것처럼 주장하는 신학자들이 많다. 하지만 이는 칼빈주의자들이 항상 거부해온 것이다."

어쩌면 너 역시 이 논쟁에 관해 이미 듣기는 했을 거 같다. 내가 여기서 말하고자 하는 것은 사람들이 흔히들 말하는 것보다 이 논쟁이 더 미묘하고 복잡하다는 거다.

Letter 21
목적이 있는 구원

제시,

지난번 편지에 대한 답장도 받기 전에 또 편지를 보내 미안하다. 하지만 지난번 편지 내용의 연장선상에서 그리고 또 내가 잊어 버리기 전에 내용을 좀더 전개하고 싶어서 서둘러 편지를 쓴다.

지난번 편지를 되짚어보면 카이퍼는 칼빈주의를 단지 개인의 구원을 위한 것만이 아니라, **만물**에 드리운 창조주의 주권을 인정하고 드러내는 복합적인 "세계관이자 인생관"으로 보도록 도와준다. 그렇기 때문에 구속주의 주권에 대한 그의 관심 역시 이와 다르지 않다. 구속에 대한 하나님의 관심은 창조세계에 관한 관심만큼이나 거대하다. 창조세계는 인간 구원의 드라마가 펼쳐질 무대 정도가 아니다. 성육신을 통해 강조된 하나님의 인간과의 관계는 바로 모든 창조세계를 **위한** 것이다.

이것을 재구성해보면 이렇다. 하나님은 언약을 세우시고, 세우신 그 언약을 지키시는 분이라는 언약 개념에 대해 내가 얼마 전에 얘기를 했었다. 하나님이 언약을 세우시고, 우리가 그것을 깨뜨리고, 하나님이 자신의 약속을 신실하게 지키시고자 하는 이야기 속에서 내가 강조했던 것처럼, 하나님이 언약의 조건을 요구하시고 하나님이자 사람이신 분이 우리를 대신해 그 언약을 지키시고 성령을 보내 우리로 그 약속을 신실하게 지킬 수 있도록 하시는 "새 언약"(렘 31:31-34)에 우리의 구원이 달려 있다(롬 8:1-4). 그렇다면 이 새 언약이 우리에게 기대하고 요구하는 것은 무엇일까? 구체적으로 우리가 구원받은 **목적**은 무엇일까?

다시 말하지만, 지금까지 나는 우리가 창조를 돌아보면 구속과 구원을 이해할 수 있다고 말했다. 하나님의 구속사역은 회복을 위한 것이지 무엇을 새로 추가하려는 것이 아니다. 구원은 부패하고 타락한 것을 회복하는 것이지 결핍되거나 없었던 것에 무엇인가를 더하는 것이 아니다. 이를 전통적인 신학 용어를 빌려 말하자면, 개혁주의 전통은 언제나 은혜가 자연을 **회복**한다고 강조했지, 은혜가 자연을 "완전케 한다"거나 "완성한다"고 말하지 않았다. 주께서 "내가 만물을 새롭게 하노라"(계 21:5)라고 선언하실 때 우리는 하나님의 이러한 구원 역사가 바로 창조세계의 갱신임을 볼 수 있다. 창조세계**로부터**의 구원이 아니라 "매우 좋았더라"라고 말씀하신 바로 그 창조세계**의** 구원을 말이다.

그렇다면 우리가 받은 구원의 **목적**은 무엇일까? 창조세계의 구속이 창조세계의 회복과 갱신을 위한 것이듯 우리가 구속받고 새롭게 되고 능력을 받은 것은 우리가 **원래 지음 받은 목**

적을 이루기 위한 것이다. 그게 무엇일까? 바로 **하나님의 형상의 담지자가 되는 것이다.** 창조시에 우리에게 주신 명령, 즉 창조의 정점으로서의 우리의 사명과 일은 하나님의 형상을 나타내는 것이었다. 하나님의 형상이라고 하는 것은 우리가 어떤 삶을 사는 것과는 상관없이 우리를 하나님처럼 보이게 하는 우리 안에 새겨진 도장 같은 것이 아니다. 하나님의 형상으로 지어졌다는 것은 창조세계 안에서 또 그것을 위해 하나님의 대사로서의 감당해야 할 사명과 일들을 부여받았다는 것이다. 즉 세상을 돌보고 다스리는 하나님의 사자(使者)와 대리인이 되라는 뜻이다. 성경이 요한계시록에서 그리스도와 함께 다스리는 것으로 끝맺는 것도 이 때문이다(계 20:4).

우리는 하나님의 형상을 따라 지어졌기 때문에(창 1:27), 하나님의 대사로서 우리의 일과 사명은 창세기의 "문화명령"으로 묘사된다. "하나님이 그들에게 복을 주시며 하나님이 그들에게 이르시되 생육하고 번성하여 땅에 충만하라 땅을 정복하라 바다의 물고기와 하늘의 새와 땅에 움직이는 모든 생물을 다스리라 하시니라"(창 1:28). 우리가 하나님의 형상을 나타내는 방법은 하나님의 창조세계를 돌보고 개발하는 것이다. 창세기 1:26-28에 나타나는 역학이 보이니? 하나님은 세상을 다스리도록 하기 위해 자신의 형상을 따라 사람을 지으셨는데(27절), 이 "다스림"은 생육하고 번성하고 땅에 충만해 세상을 "돌보는" 형태로 드러난다. [유진 피터슨이 이 부분을 『메시지』(*Message*, 복 있는 사람 역간)에서 다음과 같이 표현한 것이 마음에 든다. "번성하라. 생육하라. 땅을 가득 채워라. 책임 있게 잘 돌보아라."]

"경작하다"(cultivate)라는 말이 창조명령을 제대로 이해하는 데 도움을 준다. 이 말은 "문화"(culture)라는 말과 관계가 있다(이 말은 "돌보다"라는 라틴어에서 유래했다). 하나님은 자신의 창조세계에 우리를 대사와 사자로 세우실 뿐 아니라, 이 세상에 담아놓은 모든 잠재적인 것들을 펼쳐 만개하도록 하는 일의 동역자로 우리를 부르셨다. 하나님은 만물을 불러 존재케 하시고는 "심히 좋았더라"라고 선언하셨다. 하지만 다 이루었다고 하신 것이 아니다! 창조가 학교와 박물관과 농장 같은 것을 다 갖춘 상태로 창조된 것은 아니다. 창조세계는 탐구되고 발견되기를 갈망하고 있다. 하지만 그렇게 되기 위해서는 수고가 필요한데 그것이 바로 "경작하고" 돌보고 발견해내는 행위다. 창조는 그 자체가 부르심이자 초청이다. 하나님의 선하신 창조세계에 담겨 있는 부요함이 그분의 형상을 가진 자들에게 맡겨졌고, 그것을 발견하고 개발하고 누리는 것이 바로 우리의 부르심이자 사명인 것이다.

하나님의 백성이 영원토록 하나님을 찬양하는 것만이 하나님이 세상을 지으신 목적은 아니다. 하나님의 창조에 잠재된 모든 부요한 것들이 생명을 수여하는 것들로 밝히 드러나고 발견

될 때 하나님의 영광은 가장 탁월하게 드러나고 확장된다. 어떻게 보면 우리가 하나님의 형상을 가진 이유는 하나님이 자신이 지으신 것들을 통해 영광을 한껏 뽐내시도록 하기 위해서라고 할 수 있다. 한마디로 "돌본다"라는 것은 "하나님의 영광의 찬송이 되도록" 피조물에 잠재되어 있는 모든 것들을 모아 놓은 창고를 여는 것이고 이것이 바로 우리를 지으신 목적이다. 피조물이 회복되고 새롭게 되는 것이 구속이라면 선한 문화를 만들어가는 것 또한 우리를 **구원하신 목적**인 것이다.

성경을 통해 밝히 드러난 장엄한 구원 역사를 이렇게 이해할 때, 예수님의 지상명령(마 28:18-20)과 문화명령(창 1:28)이 새롭게 연결된다. 하나님의 은혜로 우리가 하나님의 형상을 나타내는 피조물로서의 소명을 감당할 수 있게 되었다는 구원의 좋은 소식을 전하도록 보냄을 받은 백성들이 바로 교회다. 창조시에 있었던 원래의 언약에서 주어진 부르심을 성취할 수 있도록 하는 새로운 언약을 선포하는 그 백성이 바로 우리란 뜻이다.

이런 사실은 선택을 통해서도 생각해볼 수 있다. 어떤 면에서 창조를 "처음" 선택이라고 할 수도 있다. 다시 말해 인간이 하나님의 형상을 가진 하나님의 대리자들로 부름 받은 것을 하나님이 하신 첫 번째 선택이라고 할 수 있다. 물론 이 선택은 언제나 **책임**을 수반한다. 이와 마찬가지로 교회를 선택하신 것을 "창조시의" 선택을 새롭게 하시고 그때 주어진 문화적 사명을 회복하는 것으로 볼 수 있다. 어때, 그럴듯하지? 칼빈주의가 단지 개인 구원을 말하는 교리가 아니라, 영혼 구원보다 더 큰 하나님의 관심사를 그려주는 "복합적인" "세계관이자 인생관"이라는 카이퍼의 통찰이 가진 진가가 인정되는 순간이지. 성경을 종합적이고 주의 깊게 읽어보면 이것이 성경과 부합한다는 것을 알 수 있다. 한번 잘 생각해봐라.

제이미

추신

앞에서 말한, 창조세계에 담긴 잠재적인 것을 "열고" "펼쳐 놓는다"는 유비를 생각하면서, 카이퍼가 프린스턴 신학교에서 한 스톤 강좌의 도입 부분을 유심히 살펴보는 것도 흥미로운 일이다. 카이퍼는 미국의 "신세계"를 이렇게 찬양한다.

유럽 대륙에서 온 한 과객이 이 신세계에 발을 디디면서 "내 속에 생각이 많을 때에"라고 노래했던 한 시편 기자와 같은 심정을 느낍니다. 여러분이 몸담고 있는 역동적인 새로운 삶의 물줄기와 비교해보면 그가 몸담고 있는 옛 물줄기는 거의 굳어져서 둔하기 이를 데 없는 것 같습니다. 그리고 창조 때문에 인간의 마음에 감추어져 있었으나 우리의 옛 세상이 발전시키지 못했던 수많은 하나님의 잠재된 것들이 이제 장차 우리를 놀라게 할 풍성함으로 그 내면의 찬란함을 드러내기 시작한 것을 봅니다(『칼빈주의 강연』 p. 9).

잘 봤니? 카이퍼는 세상에 "감추인" 하나님의 잠재적인 것들을 유난히 풍성하게 "발전"시키는 일들이 미국에서 일어나고 있다고 생각했다. 그가 행한 그 강연은 칼빈주의가 어떻게 이런 발전을 이끌었고 고무시켜 왔는지 잘 보여주지.

Letter 22
책을 만나는 것도 하나님의 섭리다

제시,

카이퍼의 『칼빈주의 강연』을 헌책이라도 손에 넣었다니 다행이다. 너는 이걸 그저 "우연의 일치"라고 생각하지는 않겠지? 우리가 칼빈주의자라는 걸 잊지 마라! 사실 나는 이 일을 매우 진지하게 받아들인다. 진부하게 여길 수도 있고 미신적이라고 생각할 수도 있겠지만, 나는 항상 서점이나 도서관을 특별한 장소로 생각한다. 하나님이 나를 깜짝 놀라게 하고 만나주고 인도하고 도전하시는 성스러운 장소로 여긴다. 우리 마을에서 내가 가장 좋아하는 "영적인" 장소 가운데 하나가 바로 동네 도서관에 있는 신착 도서 코너다. 새로 들어온 책들을 진열해놓는 그 코너는 하나님이 나에게 무언가를 보여주실 것이라는 기대감을 갖고 찾아가게 만드는 일종의 시내 산이다. 도서관에서 꼭 "학문적인" 연구를 통해서만 무언가를 얻는 것은 아니다. 신착 도서 코너에서 책을 고르는 데 어떤 논리 같은 게 있을까? 내가 전혀 생각하지도 못했던 책들과 마주치는 이곳이야말로 철저하게 은혜

를 경험하는 장소라는 생각이 드는 것이 이 때문이다. 칼빈주의
자로서 나는 정말 창조주가 나를 놀라게 하시려고 친히 마련하
신 선물이 이 신착 도서 코너라고 생각한다. 내가 좀 지나친 거
같니?

네가 이해할지 모르겠지만, 사실 이런 생각은 내게 개혁주
의를 막 경험하기 시작한 초기로 거슬러 올라간다. 전에도 얘기
했던 것 같은데, 교수님 한 분이 디에나와 일찍 결혼한 나에게
문맥에서 조금 벗어나긴 했지만 신명기 24:5을 인용하면서 1년
정도 휴학하고 결혼생활에 전념하는 게 어떻겠냐고 조언해주셨
다. 정말 지혜로운 충고였지(그러고 보니 디에나와 내가 결혼한 지
벌써 20년이 되었구나). 신입생으로 한 해를 보낸 그때는 하지, 워
필드, 쉐드 등을 통해 개혁주의에 이제 막 눈뜨던 시기였다. 그
렇게 휴학하고 직장을 다니던 때 우리는 신학교는 물론이고 대
학교나 칼리지도 없던 작은 마을에 살았다. 물론 도서관도 없었
지. 책을 볼 수 있는 대학 도서관은 수백 킬로미터 떨어져 있었
고 갓 결혼한 터라 나만의 도서관을 꾸릴 형편도 아니었다. 그렇
게 하려고 한들 책을 어디서 구했겠니. (물론 거기에는 "기독교 서
점"도 없었다!) 말 그대로 진짜 안식년을 보내고 있었지.

그러던 어느 날 우연히 온타리오 주의 테비스탁이라는 마을
의 작은 메노나이트 서점에 잠깐 들릴 기회가 있었다. "서점"이
라고 해서 주위에서 볼 수 있는 그런 서점을 떠올리면 안 된다.

말이 서점이지 한 켠에 카드 몇 개와 장신구들, 그리고 성경책들을 올려놓은 어느 집 작은 창고 같은 곳이었다. 그때 디에나는 누군가에게 보낼 생일카드를 고르고 있었고, 나 역시 남편 된 의무로 장신구들 사이를 기웃거리며 함께 카드를 찾고 있던 중이었지. 그러다가 서가에 신학 서적 같은 책들이 보이기에 이리저리 살피는데 먼지가 수북이 쌓인 책 한 질이 눈에 확 들어오더구나. 책등이 낯설어 도통 무슨 책인지 알아볼 수가 없어서 수북하게 쌓인 먼지를 조심스럽게 털어내면서 책을 뽑아들었다.

아직 비닐도 뜯지 않은 세 권의 책이 동시에 넘어지더구나. 그 책들은 19세기에 출판된 고풍스런 책들처럼 진한 남색과 하늘색이 어우러진 대리석 무늬 표지를 하고 있었다. 살펴보니 책등에 금박으로 "교의신학, W. G. T. 쉐드"라고 쓰여 있는 거야. 정말 놀랍지 않니!

믿기지 않더구나. 쉐드의 『교의신학』 3부작이 왜 이 한적한 시골의 메노나이트 서점에 있었을까? 너무 주관적으로 들릴지도 모르겠지만, 어쨌든 나는 그때 일을 하나님의 섭리였다고 생각한다. 정말 쉐드의 『교의신학』은 휴학 기간에 나의 생명줄이 되었다. 쉐드의 책은 휴학 기간 동안 개혁신학의 부요함에 깊이 몰입하도록 해준 나의 커리큘럼이자 개인 교사가 되었다. 그 책을 통해 플라톤과 아리스토텔레스를 제대로 알게 되었고 철학에 대한 관심을 더욱 갖게 되었지. 문득 삼위일체에 대해서 내가 예전에 했던 형편없는 설교가 생각난다. 사실 그때는 이 주제를 다룬 쉐드의 책 가운데 한 장을 거의 앵무새처럼 따라하는 수준이었지! 어쨌든 그 책들은 지금도 내 마음과 기억에 특별하게 자리하고 있다. 나는 지금도 그때 그 책들이 거기에 있던 게 우연이 아니었다고 믿는다.

그뿐만이 아니다. 그 책과 관련된 또 다른 사연이 있다. 이 일은 먼젓번에 우리가 논의했던 것과도 연관되어 있다. 그렇게 순식간에 선량한 근본주의자가 된 나는 어느새 유사 영지주의도 받아들여 "세상을 경멸"하게 되었다. 이는 카이퍼가 그렇게 경고했던 잘못된 칼빈주의의 전형이지. 나는 물질과 육체성을 경멸할 뿐 아니라, 그런 영지주의로 인해 ("가족의 가치"에 대한 온갖 수사에도 불구하고) 성(性)에 대한 요상한 부정적인 태도도 갖게 되었다. 성과 관련하여 내가 들은 말이라고는 "하지 마라!"는 말뿐이었기 때문에 내 신학에서 성을 긍정할 여지는 전혀 없었다. 그래서 결혼 전에 내가 도야하려고 했던 금욕은 결혼한 이후에도 습관으로 남아 쉽게 없어지지 않았다! 그 결과 디에나가 침대에서 혼자 잠드는 동안 책상에 앉아 밤이 맞도록 쉐드의 『교의신학』의 장로교 신학에 코를 박고 개혁주의 신학을 파고들기 일쑤였다.

그러던 어느 날 밤 내 책이 보이지 않더구나. 책상 위의 모든 책들을 들쳐보고 책상 아래, 책장까지 다 뒤졌지만 허사였지.

주방, 소파 곁에 놓은 작은 탁자 등 있을 만한 곳은 다 찾아봤지만 찾지 못했다. 내 거룩한 책이 도대체 어디로 간 거야 하는 마음으로 디에나를 부르러 침실로 달려갔더니 신혼여행에서 입던 잠옷을 걸치고 디에나가 그 책에 팔을 괴고 앉아 새침하게 말하더구나. "이 책을 내가 갖고 있어야 당신을 침대에서 볼 수 있을 것 같아서요." 그날 이후로 나는 다시는 그 책을 전과 같이 대하지 않았다. 다행히 그 일이 있었던 후 얼마 지나지 않아 피조물의 선함과 "만물"의 구속을 확신하도록 한 카이퍼의 책을 접하게 됐지. 네 아이의 아빠가 된 지금 나는 폭넓은 시야의 칼빈주의를 알게 된 것이 얼마나 감사한지 모른다. 그렇지만 여전히 쉐드에게도 고마운 마음이다.

제이미

Letter 23
창조세계를 즐거워함으로 하나님을 즐거워하라

제시,

"책을 만나는 것도 하나님의 섭리"라는 내 생각을 늘어놓느라 네 질문에 대답하는 것도 잊었구나! 미안하다. 그래서 이번 편지에서는 네가 질문한 것에 대해 생각해보려고 한다.

예전 편지에서 웨스트민스터 교리문답과, 이것과 조금 다른 시각에서 존 파이퍼가 말하는 인간의 "목적"에 대해 말했다. 그렇다고 이 둘이 전혀 다른 건 아니다. 이렇게 생각해보자.

웨스트민스터 소요리문답은 "사람의 제일되는 목적이 무엇입니까?"라는 도발적인 질문으로 시작한다. 이 질문은 **목적론적**인 물음이기 때문에 정말 중요하다. 우리가 무엇을 위해 창조되었는지, 우리 삶의 목적이 무엇인지를 물음으로써 우리가 누구인지를 생각해보게 하는 질문이다. 정말 중요한 질문이지. 우리의 장래와 우리의 소명이 무엇을 위한 것인지에 대한 질문을 통해 우리를 정의하는, 한마디로 우리의 정체성을 깨닫게 하는 질문이다. 이 짧은 질문에 종말론 전부가 들어 있다.

이 질문에 대한 대답 역시 너무나 놀랍다. "하나님을 영화롭게 하고 그를 영원토록 즐거워하는 것입니다." 이 대답에는 조나단 에드워즈가 자신의 사역을 통해 열정적으로 추구했던 것이 모두 담겨 있다. 또 "즐거워한다"는 말에서 어거스틴의 목소리도 들린다. 『그리스도교 교양』에서 어거스틴이 잘 말하고 있듯이 즐거워하는 것이 곧 사랑하는 것이다. 그렇기 때문에 하나님을 사랑하도록 우리가 지음을 받았다는 의미에서["하나님을 위해 우리가 창조되었기 때문에 하나님 안에서 안식을 얻기까지 우리의 마음은 안식하지 못합니다"(『고백록』, 1.1.1)] 궁극적으로는 하나님을 **즐거워하도록** 부르심을 받은 것이다. "즐거워한다"는 이 말은 흔히 사용하는 "청교도적"이라는 말에 담긴 모든 비아냥과 정면으로 배치된다. 칼빈주의자들은 너무 쉽게 건조하고 우울한 존재로 비치는데, 이 교리문답은 은혜의 좋은 소식이란 어떤 규칙을 마지못해 지키는 것이 아니라, 복음이 즐거움과 기쁨으로 가득 차 있는 것이라는 사실을 우리에게 상기시켜 준다. 하나님은 희락을 위해 우리를 지으셨다. 너도 알다시피 이 대답을 (에드워즈식으로) 약간 변형해놓은 "우리는 하나님을 영원토록 **즐거워함으로** 하나님을 영화롭게 한다"는 파이퍼의 말은 정말이지 탁월하다.

내가 묘사하는 카이퍼적인 칼빈주의는 이런 점에서 분명 다르다. 좀더 넓은 시각의 칼빈주의가 개인 구원에만 관심을 제한

하는 다른 형태의 칼빈주의보다 큰 것만큼이나 말이다. 그렇다고 카이퍼적인 칼빈주의가 웨스트민스터 소요리문답과 꼭 긴장 관계에 있다고 생각하지는 않는다. 파이퍼가 했던 것처럼, 소요리문답의 첫 번째 질문을 어거스틴이나 카이퍼적으로 바꾸어보면 어떻게 될까? 그러면 "사람의 제일되는 목적이 무엇입니까?"라는 질문에 대한 대답은 이렇지 않을까. "하나님의 창조세계를 영원토록 즐거워함으로 하나님을 영화롭게 하는 것입니다" 혹은 "하나님의 창조세계를 영원토록 즐거워함으로 하나님을 영화롭게 하고 그분을 즐거워하는 것입니다" 정도가 될 거다.

너무 "현세적인" 대답이라고 걱정하기 전에(존 칼빈보다 현세적인 신학자가 어디 있겠니!), 어거스틴식으로 이 대답을 좀더 풀어볼 테니 잘 들어봐라. (먼저 편한 의자를 찾아보는 게 좋을 것 같다. 어거스틴에 대해서 말할 때면 내가 좀 장황해지는 경향이 있으니 말이다!)

칼빈주의의 통찰 가운데 하나가 창조세계가 선하게 창조되었다는 확언이라고 이미 말했다(창 1:31). 칼빈과 그의 추종자들은 세상이 타락하고 어그러졌음을 인정하면서도, 타락이 선한 창조세계의 부패일 뿐, 창조 자체의 특성은 아니라고 믿었다. 어거스틴의 영향을 받은 그들이었기에 창조에 대한 이런 시각을 갖는 것은 당연했다(전에 언급했듯이 실제로 종교개혁은 어거스틴의 가르침을 재발견하는 운동이었다). 어거스틴에게 창조된 모든 것은 선할 수밖에 없었다. 선하신 창조주께서 무(無)에서 유(有)를 창조하셨기 때문이다. 따라서 존재하는 모든 것은 선하신 창조주 하나님에게 받은 선한 선물이다. 일종의 "창조의 은혜"라고 할 수 있고 마귀는 아무것도 창조할 수 없다고 말할 수도 있겠지. 사단은 그저 타락시키고 더럽게 할 수 있을 뿐이다. 그렇다면 "악"은 선에 기생하는 것일 뿐이라고 말할 수도 있겠다. 악은 언제나 하나님의 풍성한 선을 갉아먹는 비열한 무(無)다(선이 악에 앞설 수밖에 없는 것도 이 때문이다).

결국은 이런 거다. 창조와 그 창조를 구성하는 물질 그 자체는 악하거나 타락하지 않았다. 하나님께 있는 창조의 사랑으로 부르심을 입었다는 의미에서 창조는 근본적으로 **선하다**. 그렇다고 이런 선함이 자기 마음대로 할 수 있다는 뜻은 아니다. 이는 "모든 사람은 기본적으로 선하다"는 오프라 윈프리의 감상적인 말과도 아무런 상관이 없다(우리는 지금 어거스틴에 대해 말하고 있는 중이다. 어거스틴에게 있어서 펠라기우스주의자들의 주장은 그야말로 말도 안 되는 소리였다). 사실 어거스틴만큼 "세상"의 유혹과 우상들을 제대로 인식한 사람도 드물다. 그가 쓴 『고백록』의 많은 부분은 요한일서 2:15-17에 대한 묵상이었다. "이 세상이나 세상에 있는 것들을 사랑하지 말라. 누구든지 세상을 사랑하면 아버지의 사랑이 그 안에 있지 아니하니. 이는 세상에 있는 모든 것이 육신의 정욕과 안목의 정욕과 이생의 자랑이니 다

아버지께로부터 온 것이 아니요 세상으로부터 온 것이라. 이 세상도 그 정욕도 지나가되 오직 하나님의 뜻을 행하는 자는 영원히 거하느니라." 하지만 어거스틴에게 "세상"과 "창조세계"는 구별된다. 어떤 의미에서 세상은 우리의 어그러진 의지로 창조세계를 악용해 만들어낸 우리 자신의 결과물이다. 그리고 죄악되고 타락한 인간이 악한 문화를 조성해 생겨난 결실로서의 왜곡된 체계가 바로 세상인 것이다.

그렇기 때문에 세상의 유혹은 창조된 창조세계가 잘못되었음을 반영하는 것이 아니라 우리가 무언가 잘못되었음을 반영하는 것이다. 여기서 중요한 것은 창조세계 자체가 아니라 우리가 어떻게 그 세계와 **관계**하고 있느냐 하는 것이다. 어거스틴에게 죄는 **무엇**이 아닌 **어떻게**의 문제였다. 사물 자체가 죄악된 것은 아니라는 뜻이다. 우리가 그것을 **대하는** 방식과 그것들을 가지고 **하는** 일들이 죄악된 것이다. 그리고 이는 곧 무엇을 **사랑**하고 어떻게 사랑하느냐의 문제로 귀결된다.

젊은이들의 당면문제일 수밖에 없는 성을 예로 들어보자. 요한일서에 나오는 "세상"의 유혹의 목록은 "육체의 정욕"을 포함하고 있다. 그렇다면 우리 육체가 나쁜 것일까? 아니면 성이 나쁜 것일까? 또는 성적 매력이 나쁜 것일까? 그렇지 않다. 자신의 형상을 따라 인간을 지으시고 "생육하고 번성하라"고 하신 분은 바로 하나님이셨다. 그렇기 때문에 우리 몸이나 성을 문제로 봐서는 안 된다. 하나님의 구원은 우리 몸**으로부터의** 구원이 아니다(만일 그렇다면 **몸**이 부활할 것이라는 구원 계획과는 어긋날 것이다). 중요한 것은 우리 몸을 어떻게 다루느냐, 다른 사람의 몸을 어떻게 대하느냐 하는 것이다! 어거스틴은 바뀌어야 할 것은 창조세계가 아니라 우리의 **사랑**이라고 말한다.

어거스틴은 여기서 중요한 구분을 한다(그의 글 전반에 걸쳐 이런 구분이 드러나지만 그중에서도 『그리스도교 교양』 제1권에서 가장 두드러진다). 하나님이 자신이 지으신 세상을 향해 갖고 계신 의도와 목적은 "바른 사랑의 질서"이며, 이것은 다시 말하면 우리는 궁극적으로 삼위 하나님을 사랑하도록 지어졌으며 그렇게 부름을 받았음을 의미한다. 따라서 우리는 바르게 질서 잡힌 사랑에서 우리의 정체성과 기쁨을 찾을 수 있는 것이다. 어거스틴은 우리가 사랑하는 그 대상이 곧 우리라고 말한다. 이 세상을 사는 동안 우리는 사랑을 멈출 수 없다. 심지어 타락하고 죄악된 인류 역시 예외가 아니다. 그러나 죄인인 우리는 그릇된 방식으로 그릇된 대상을 사랑한다. 오래전 웨일론 제닝스가 부른 노래의 가사처럼 우리는 잘못된 곳에서 사랑을 찾고 있다(이 노래의 가사를 찬찬히 들어보면 마치 어거스틴의 글을 노래하는 것 같다). 우리는 언제나 사랑을 찾아 헤맬 수밖에 없다(U2의 노래들 역시 어거스틴의 글에 대한 묵상처럼 들린다). 하지만 오직 하나님의 은혜만이 사랑하고자 하는 욕구를 바르게 질서 잡아 하나님 그분만을 향하게 한다. 하나님의 은혜로 우리의 사랑은 원래 창조되었을 때의 사랑의 대상을 찾을 수 있다. 그래, 조나단 에드워즈가 했던 말과 비슷하지?

이런 사랑의 "바른 질서"를 통해 우리는 하나님의 선한 피조물들을 어떻게 대해야 할지 알게 되고, 그렇게 될 때라야 어거스틴이 말한 "사용하는 것"과 "즐거워하는 것"이라는 구분을 제대로 할 수 있게 된다. 이를 통해 어거스틴이 말하고 싶어했던 건 우리가 궁극적인 사랑의 대상인 하나님을 무엇보다 사랑하도록 지음을 받았다는 것이다. 어거스틴에게는 내가 사랑하는 것과 내가 "즐거워하는 것"이 다르지 않았다. 네가 사랑하는 것이 무엇인지 알려면 네가 즐기는, 곧 네가 가장 만족을 느끼는 것이 무엇인지를 보면 된다. (많은 칼빈주의자들과 달리 어거스틴은 하나님은 우리가 행복하기를 바라신다고 주저 없이 말한다!) 창조주께서 자신을 위해 우리를 지으셨기 때문에 하나님을 궁극적으로 사랑하지 않고 또 즐거워하지 않는다면 우리 마음은 결코 안식을 얻을 수 없고 절망과 염려만 할 뿐이라고 말이다.

그래, 그렇다면 이 질서에서 창조세계의 자리는 어디일까? 이 세상은 그저 타락한 것에 불과한 것일까? "하나님을 사랑하게 되면" 이 세상에 속한 것들은 신기할 만큼 희미하게 사라져 버리는 것일까? 어거스틴은 그렇게 말하지 않는다. 오히려 하나님을 **즐거워하도록** 부름을 받는 순간, 하나님의 선한 창조세계 역시 우리가 **누릴** 선물로 주어진다고 그는 말한다. 이를테면, 하나님을 **즐거워할** 도구로 세상을 **사용하게 된다**고 말이다. 이를 통해 어거스틴은 요한일서 2:15-17이 말하는 세상의 문제가 무엇인지를 밝혀낸다. 우리가 창조주 **대신** 창조세계를 사랑하게 될 때 하나님이 지으신 선한 창조세계는 요한일서가 말하는 "세상"이 된다. 창조세계를 사용하기보다 그것을 즐거워하게 될 때 그것들은 우상이 되는 것이다. 하지만 하나님을 사랑하고 즐기는 것이 피조물을 버리는 것은 아니다. 오히려 그것들과 바른 관계를 맺게 됨으로써 하나님을 즐거워하는 방편으로 제대로 사용하게 된다.

너의 사랑의 대상을 올바르게 찾게 될 때 모든 창조세계를 하나님을 즐거워하는 도구이자 선물로 얻게 되는 것이다. 즉 유혹거리가 되었던 "세상"이 재배치되고 재설정되어 "세상"을 **창조세계로** 다시 받게 되는 것이다. 자신이 했던 구분 자체를 모호하게 해버릴 정도로 하나님의 창조의 선하심을 분명히 천명하기를 바랐던 어거스틴은 창조주를 바르게 사랑하는 사람은 피조물을 "기쁘게" 사용할 수 있으며 나아가 "즐거워"하게 된다고 말한다(『그리스도교 교양』, 1.33). 하나님을 즐거워하는 것과 하나님을 즐거워하는 방편으로 세상을 즐거워하는 이 두 즐거움을 큰 "즐거움"과 작은 "즐거움" 같은 방식으로 구분할 수도 있을 것 같다. 은혜로 우리의 사랑이 바르게 질서 잡힐 때라야 우리는 하나님을 즐거워할 수 있고, 그렇게 될 때 우리는 하나님을 즐거워하는 방편으로 세상이 주어진 것을 깨닫게 된다. 오직 사랑이 바로 질서 잡힐 때 우리는 하나님을 **즐거워하는 도구**로 창조세계를 **즐길** 수 있게 된다. 그렇다면 웨스트민스터 소요리문답의 제1문답에 대한 대답을 이렇게 바꿔 말할 수 있겠다. "사람의 제일 되는 목적이 무엇입니까? 하나님의 창조세계를 영원토록 즐거워함으로 하나님을 영화롭게 하고 영원토록 그분을 즐거워하는 것입니다."

이 장문의 편지는 그동안의 편지들을 통해 네가 얼마나 성장했는지를 잘 보여준다! 이제 앞으로는 나의 자잘한 편지들은 필요 없을 것 같구나. 그동안 편지들에서 언급된 책들을 직접 읽는 것으로 충분할 것 같다. 어거스틴의 『고백록』과 함께 그의 『그리스도교 교양』 역시 내가 가장 아끼는 책임을 마지막으로 말해주고 싶다(무인도에 가지고 갈 책을 고른다면 이 두 책을 『기독교 강요』보다 먼저 꼽을 거다). "개혁주의"를 알아가는 가장 좋은 출발점을 찾는다면 이 두 책이야말로 최상의 선택이 될 거다.

사랑한다.

제이미

편지 형식의 이 책은 개인적으로는 잘 모르는 두 사람의 책에서 영감을 얻었다. 그중 하나는 크리스토퍼 히친스가 쓴 『젊은 반대자에게 보내는 편지』(*Letters to a Young Contrarian*)이고 다른 하나는 "로마 가톨릭의 특징들"을 잘 설명한 조지 비글의 『젊은 로마 가톨릭 신자에게 보내는 편지』(*Letters to a Young Catholic*)다. 이 두 책을 통해 편지 형태가 매우 매력적이고 유용하다는 것을 알게 되었다. 그렇게 해서 탄생한 것이 바로 이 책이다. 더 직접적인 계기는 LA에 살면서 호손에 있는 오순절 교회에서 대학생과 직장인과의 연구 모임과 마리나 델 레이에 있는 가톨릭 대학교에서 가르치면서 학생들과 쌓았던 우정이었다. 칼빈주의가 뿌리내릴 토양은 아니었지만, 깊이 있는 신학과 지적인 전통에 굶주렸던 그 젊은이들은 신선한 공기를 들이마시듯 개혁주의 전통을 받아들였다. 그들은 많은 질문을 했고, 이 편지들 가운데 어떤 것들은 실제로 우리가 나눈 대화들을 그대로 옮긴 것이기도 하다. 그 밖의 편지들도 그들을 떠올리면서 썼다. 그들과의 우정에 감사하고 그들 안에 있는 사랑이 더욱 풍성해져 정말 중요한 것이 무엇인지 분별할 수 있기를 바라면서 기쁨으로 이 책을 그들에게 헌정한다.

이 책을 처음 구상하면서 생각을 함께 나눈 존 위블릿과 토드 치오피에게 감사한다. 고맙게도 칼빈 신학교의 제임스 브랫 교수는 곧 출판될 자신의 아브라함 카이퍼의 전기 일부분을 참고할 수 있도록 해주었다. 편지들을 쓰고 작업할 때마다 리처드 마우가 자리를 함께한 것 같은 느낌을 받았다. 편지들마다 내가 그에게서 받은 도전과 정서가 드러났길 바란다. 언제나 그렇듯이 밥 호색, 제레미 웰즈, 브라이언 볼저, 캐이틀린 맥켄지를 비롯한 여러 출판사 식구들의 친절에 감사한다. 마지막으로 커피를 무제한 리필해주고 더불어 글쓰기 좋은 자리를 제공해준 스패로스 커피점에 감사한다.

이 책을 읽을 때마다 독자들이 배경음악을 한 곡 떠올렸으면 좋겠다. 이 책을 쓸 때마다 바흐의 무반주 첼로 모음곡이 흘러나올 때가 많았다. 칼 슈타퍼트가 [자신의 탁월한 책인 『나의 유일한 위로자』(My Only Comfort)에서] 잘 보여준 것처럼 바흐의 "개혁주의적인" 음악은 이 책과 잘 어울렸다. 그 곡에 흐르는 첼로의 깊은 선율은 깨어져버린 창조세계의 엄중한 현실을 잘 담고 있었다. 반면에 같은 첼로로 연주되는 경쾌한 선율은 그것과 정반대되는 또 다른 현실을 생각하게 했다. 라이언 아담스의 '하트브레이커'를 들을 때 역시 이런 긴장과 소망을 느꼈다.

Augustine. *City of God*. Translated by Henry Bettenson. Hammondsworth, UK: Penguin, 1984. 『신국론』(분도출판사 역간).

_____. *Confessions*. Translated by Henry Chadwick. Oxford: Oxford University Press, 1992. 『고백록』(바오로딸 역간).

_____. *Teaching Christianity* [*De doctrina christiana*]. Translated by Edmund Hill. New York: New City Press, 1996. 『그리스도교 교양』(분도출판사 역간).

Bouwsma, William J. *John Calvin: A Sixteenth Century Portrait*. Oxford: Oxford University Press, 1988. 『칼빈』(나단출판사 역간).

Bunyan, John. *The Pilgrim's Progress*. Hammondsworth, UK: Penguin, 2004. 『천로역정』(홍성사 역간).

Calvin, John. *Institutes of the Christian Religion* [1559]. Edited by John T. McNeill. Translated by Ford Lewis Battles. Philadelphia: Westminster/John Knox, 1960. 『기독교 강요』(생명의 말씀사 역간).

_____. *The Letters of John Calvin: Selected from the Bonnet Edition*. Edinburgh: Banner of Truth, 1980.

Clapp, Rodney. "The Sin of Winnie-the-Pooh." *Christianity Today*, November 9, 1992, 29-32. "곰돌이 푸우의 죄"「목회와 신학」 2000년 7월호.

Colson, Charles, with Nancy Pearcey. *How Now Shall We Live?* Wheaton: Tyndale, 1999. 『그리스도인, 이제 어떻게 살 것인가』(요단출판사 역간).

Ecumenical Creeds and Reformed Confessions. Grand Rapids: Faith Alive, 1988.

Frame, John M. "Machen's Warrior Children." In *Alister E. McGrath and Evangelical Theology: A Dynamic Engagement*, edited by Sung Wook Chung, 113-146. Grand Rapids: Baker Academic, 2003.

Hansen, Collin. *Young, Restless, Reformed: A Journalist's Journey with the New Calvinists.* Wheaton: Crossway, 2008. 『현대 미국 개혁주의 부활』(부흥과개혁사 역간).

Hitchens, Christopher. *Letters to a Young Contrarian.* New York: Basic Books, 2001.

Horton, Michael. *A Better Way: Re-discovering the Drama of God-centered Worship.* Grand Rapids: Baker Books, 2003.

_____. *Covenant and Eschatology: The Divine Drama.* Louisville: Westminster John Knox, 2002. 『언약과 종말론』(크리스챤출판사 역간).

_____. *Introducing Covenant Theology.* Grand Rapids: Baker Books, 2009. 『언약신학』(부흥과개혁사 역간).

Joo, Seung-Joong, and Kyeong-Jin Kim. "The Reformed Tradition in Korea." In *The Oxford History of Christian Worship*, edited by Geoffrey Wainwright and Karen Westfield Tucker, 484-491. Oxford: Oxford University Press, 2006.

Kuyper, Abraham. *Calvinism: Six Stone Foundation Lectures.* Grand Rapids: Eerdmans, 1943. 『칼빈주의 강연』(크리스챤다이제스트 역간).

_____. "Sphere Sovereignty." In *Abraham Kuyper: A Centennial Reader.* Edited by James D. Bratt. Grand Rapids: Eerdmans, 1998.

Lane, Anthony N. S. *John Calvin: Student of the Church Fathers.* Edinburgh: T&T Clark, 1999.

Lewis, C. S. *The Screwtape Letters.* San Francisco: HarperOne, 2001. 『스크루테이프의 편지』(홍성사 역간).

MacIntyre, Alasdair. *After Virtue*. 2nd ed. Notre Dame: University of Notre Dame Press, 1984. 『덕의 상실』(문예출판사 역간).

Marsden, George. *Jonathan Edwards: A Life*. New Haven: Yale University Press, 2004. 『조나단 에드워즈 평전』(부흥과개혁사 역간).

_____. *A Short Life of Jonathan Edwards*. Grand Rapids: Eerdmans, 2008. 『조나단 에드워즈와 그의 시대』(복 있는 사람 역간).

Mathison, Keith A. *Given for You: Reclaiming Calvin's Doctrine of the Lord's Supper*. Phillipsburg, NJ: P&R, 2002.

McGrath, Alister. *Christianity's Dangerous Idea: The Protestant Revolution. A History from the Sixteenth Century to the Twenty-First*. San Francisco: HarperOne, 2008. 『기독교, 그 위험한 사상의 역사』(국제제자훈련원 역간).

Mouw, Richard. *Calvinism in the Las Vegas Airport*. Grand Rapids: Zondervan, 2004. 『칼빈주의, 라스베가스 공항을 가다』(SFC 역간).

_____. *When the Kings Come Marching In: Isaiah and the New Jerusalem*. Rev. ed. Grand Rapids: Eerdmans, 2002. 『미래의 천국과 현재의 문화』(두란노서원 초판 역간).

Mueenuddin, Daniyal. *In Other Rooms, Other Wonders*. New York: W. W. Norton, 2009.

Muller, Richard. *Post-Reformation Dogmatics: The Rise and Development of Reformed Orthodoxy*. 4 vols. Grand Rapids: Baker Academic, 2003.

_____. *The Unaccommodated Calvin: Studies in the Foundation of a Theological Tradition*. Oxford: Oxford University Press, 2000. 『16세기 맥락에서 본 진정한 칼뱅신학』(나눔과섬김 역간).

Noll, Mark. *The Princeton Theology, 1812-1921: Scripture, Science, and Theological Method from Archibald Alexander to Benjamin Warfield*. Grand Rapids: Baker

Academic, 2001.

Packer, J. I. *A Quest for Godliness: The Puritan Vision of the Christian Life*. Wheaton: Crossway, 1994. 『청교도 사상』(CLC 역간).

Piper, John. *Desiring God: Meditations of a Christian Hedonist*. Eugene, OR: Multnomah, 1987. 『하나님을 기뻐하라』(생명의 말씀사 역간).

_____. *God's Passion for His Glory: Living the Vision of Jonathan Edwards*. Wheaton: Crossway, 2006. 『하나님의 영광을 위한 하나님의 열심』(부흥과개혁사 역간).

Poythress, Vern. *Understanding Dispensationalists*. 2nd ed. Phillipsburg, NJ: P&R, 1994. 『세대주의 이해』(총신대출판부 역간).

Schiller, Freidrich. *On the Aesthetic Education of Man in a Series of Letters*. Edited by E. M. Wilkinson and L.A. Willoughby. Oxford: Oxford University Press, 1983. 『인간의 미적 교육에 관한 서한』(이진출판사 역간).

Shedd, William G. T. *Dogmatic Theology*. Nashville: Thomas Nelson, 1980.

Smith, James K. A. *Desiring the Kingdom: Worship, Worldview, and Cultural Formation*. Grand Rapids: Baker Academic, 2009.

_____. *The Devil Reads Derrida: And Other Essays on the University, the Church, Politics, and the Arts*. Grand Rapids: Eerdmans, 2009.

_____. *Thinking in Tongues: Pentecostal Contributions to Christian Philosophy*. Grand Rapids: Eerdmans, 2010.

Sproul, R. C. *Thy Brother's Keeper*. Brentwood, TN: Wolgemuth and Hyatt, 1988.

Stapert, Calvin. *My Only Comfort: Death, Deliverance, and Discipleship in the Music of Bach*. Grand Rapids: Eerdmans, 2000.

Steinmetz, David. *Luther in Context*. 2nd ed. Grand Rapids: Baker Academic, 2002.

Van Biemra, David. "The New Calvinism," *Time*, March 12, 2009.

Warfield, B. B., *Augustine and Calvin*. Phillipsburg, NJ: P&R, 1956. 『칼빈주의 신

학』(기독교문화사 역간).

_____. *Studies in Theology*. Edinburgh: Banner of Truth, 1988.

Weigel, George. *Letters to a Young Catholic*. New York: Basic Books, 2004.

Williams, D. H. *Evangelicals and Tradition: The Formative Influence of the Early Church*. Grand Rapids: Baker Academic, 2005.

Witte, John, Jr. *The Reformation of Rights: Law, Religion, and Human Rights in Early Modern Calvinism*. Cambridge: Cambridge University Press, 2007.

Wolterstorff, Nicholas. *Until Justice and Peace Embrace*. Grand Rapids: Eerdmans, 1983. 『정의와 평화가 입맞출 때까지』(IVP 역간).

Wright, N. T. *Justification: God's Plan and Paul's Vision*. Downers Grove, IL: InterVarsity, 2009.

Zachman, Randall C., ed. *John Calvin and Roman Catholicism: Critique and Engagement, Then and Now*. Grand Rapids: Baker Academic, 2008.

_____. *John Calvin as Teacher, Pastor, and Theologian: The Shape of His Writings and Thought*. Grand Rapids: Baker Academic, 2006.

칼빈주의와 사랑에 빠진 젊은이에게 보내는 편지

Copyright ⓒ 새물결플러스 2011

1쇄 발행 2011년 4월 29일
5쇄 발행 2024년 4월 3일

지은이 제임스 K. A. 스미스
옮긴이 장호준
펴낸이 김요한
펴낸곳 새물결플러스

편 집 왕희광 정인철 노재현 이형일 나유영 노동래
디자인 황진주 김은경
마케팅 박성민
총 무 김명화 이성순
영 상 최정호 곽상원
아카데미 차상희

홈페이지 www.holywaveplus.com
이메일 hwpbooks@hwpbooks.com
출판등록 2008년 8월 21일 제2008-24호
주 소 (우) 04114 서울시 마포구 신촌로28가길 29
전 화 02) 2652-3161
팩 스 02) 2652-3191

ISBN 978-89-94753-04-4 03230

책값은 뒤표지에 있습니다.